달섬 세계고전

2

한여름 밤의 꿈
열두 번째 밤

윌리엄 셰익스피어

A Midsummer Night's Dream·Twelfth Night

한여름 밤의 꿈
열두 번째 밤

박부순 옮김

달섬

목차

일러두기

1. 이 번역서의 기준 판본은 A Midsummer Night's Dream(John Crowther, *SparkNotes*, 2005)과 Twelfth Night(John Crowther, *SparkNotes*, 2003)이다.
2. 위의 텍스트는 각 장의 장소에 대한 설명이 없다. 따라서 이해를 돕고자 장소에 대한 설명은 A Midsummer Night's Dream(Harold F. Brooks, *The Arden Shakespeare: Second Series*, Bloomsbury, London, 1979)과 Twelfth Night(J.M.Lothian and T.W.Craik, eds. *The Arden Shakespeare: Second Series*, Methuen, London, 1975)을 참고로 했음을 밝힌다.

한여름 밤의 꿈

〈등장인물〉

테세우스: 아테네의 공작
이지어스: 허미아의 아버지
라이샌더: 허미아를 연모하는 청년
드미트리우스: 허미아를 연모하는 청년
필러스트레이트: 테세우스의 축전 준비 위원장
피터 퀸스: 목공 (극중극에서 서막)
스너그: 접합공 (극중극에서 사자)
닉 보톰: 직조공 (극중극에서 피라머스)
프란시스 플루트: 풀무수선공 (극중극에서 티스비)
톰 스나우트: 땜장이 (극중극에서 돌담)
로빈 스타블링: 재단사 (극중극에서 달빛)
히폴리타: 아마존의 여왕, 테세우스의 약혼녀
허미아: 라이샌더를 연모하는 이지어스의 딸
헬레나: 드미트리우스를 연모하는 처녀
오베론: 요정의 왕
티타니아: 요정의 여왕
퍽: 로빈 굿펠로라고 불리는 작은 요정
완두콩 꽃: 숲속의 요정
거미집: 숲속의 요정
부나비: 숲속의 요정
겨자씨: 숲속의 요정

제1막

사랑은 가치 없는 것들을 아름답게 만들어.
사랑은 눈이 아니라 마음으로 보는 거야. 그게 바로
사랑의 신 큐피드를 장님으로 그린 이유지.

(1장: 헬레나의 대사 중에서)

1장

테세우스 공작 궁궐 내의 홀

테세우스, 히폴리타, 필러스트레이트 그리고 시종들이 함께 등장한다.

테세우스 우리의 결혼식이 다가오는구려, 아름다운 히폴리타. 이제 나흘 후 초승달이 뜨는 그날에 결혼할 것이오. 하지만 시간은 너무나 느리게 흐르는 것 같소. 기울어가는 그믐달님의 걸음은 왜 이리도 더딜까! 마치 계모나 재산 많은 과부가 자식의 상속을 미루듯, 내 소망의 실현을 방해하고 있소.

히폴리타 아니에요, 당신도 아시다시피, 나흘 낮은 눈 깜짝할 사이에 밤으로 변해요. 그리고 또 나흘 밤은 꿈을 꾸듯 빠르게 지나가죠. 그러면 하늘에 떠있는 활처럼 굽은 은빛 초승달이 우리들의 결혼식을 지켜볼 거예요.

테세우스 필러스트레이트, 가서 아테네 젊은이들이 흥을 돋우도록 마음에 불을 지펴라. 장례식에나 어울리는 우울한 기분일랑 쫓아 버려라. 파리한 얼굴을 한 자는 우리 결혼식에 어울리지 않아.

필러스트레이트 퇴장한다.

테세우스 히폴리타, 나는 칼을 들이대며 당신에게 구애했고 상처까지 입히며 사랑을 얻었소. 그러나 결혼식만큼은 방법을 바꾸어 화려하게, 흥겹게 그리고 떠들썩하게 할 테요.

이지어스와 그의 딸 허미아,

그리고 라이샌더와 드미트리우스가 함께 등장한다.

이지어스 만복이 깃드소서, 고명하신 공작님!

테세우스 감사하오, 이지어스, 그런데 웬일이오?

이지어스 제 딸년 허미아가 하도 속을 썩여서 하소연하러 왔습니다. 드미트리우스, 이리 나오게. 공작님, 제 딸년을 주기로 한 청년입니다. 라이샌더, 자네도 나오게. 그런데 자비로우신 공작님, 이자가 제 딸년의 마음을 홀렸습니다. 라이샌더, 너는 내 딸에게 사랑의 시를 주고 정표도 주고받았지. 달밤에 딸의 방 창가에서 그럴싸한 목소리로 거짓 사랑을 노래했고, 네 머리털로 만든 팔찌, 반지, 패물, 노리개, 장신구, 장난감, 꽃다발, 사탕—따위로 여린 내 딸을 홀려 그 애 마음을 훔쳤어, (나를 향한) 복종 대신 고집쟁이 애물단지로 만들어 버렸단 말이다. 인자하신 공작님, 만약 제 딸년이 여기서 드미트리우스와의 결혼을 거절하면 예부터 내려온 아테네의 특권을 저에게 허락하여 주십시오. 딸은 제 것이니, 제가 처분할 수 있도록 맡겨 주십시오. 아테네의 법률에 따라 딸을 이 청년과 결혼을 시키든, 아니면 죽음을 택하도록 하겠습니다.

테세우스 어쩔 테냐, 허미아? 심사숙고 하거라. 너에게 아버지는 하느님과 같으시다. 너의 아름다움을 만드신 분이야. 아버지에게 넌 밀랍인형에 지나지 않아, 그러므로 널 그대로 두는 것도, 부수어버리는 것도 네 아버지의 권한이다. 드미트리우스는 훌륭한 신사야.

허미아 라이샌더도 훌륭합니다.

테세우스 그렇지, 라이샌더 또한 훌륭하지. 그러나 너의 아버지께서 너와 그의 결혼을 원하지 않으시니, 드미트리우스가 남편감으로 더 낫다고 생각하란 말이다.

허미아 아버지가 제 눈으로 봐주셨으면 합니다.

테세우스 아니지, 네가 너의 아버지 눈으로 봐야지.

허미아 공작님, 용서해 주세요. 어떤 힘이 저를 이처럼 대담하게 하는지 모르지만, 그리고 이처럼 고귀하신 분들 앞에서 저의 생각을 말하는 것이 미덕을 해칠지도 모르지만 감히 말씀드립니다. 만약 제가 드미트리우스와의 결혼을 거역한다면 어떤 최악의 사태가 내려지는지 말씀해 주십시오.

테세우스 교수형을 당한다든가 아니면 평생 다른 남자를 못 보게 될 것이다. 그러니 아름다운 허미아야, 네가 원하는 것이 무엇인지 신중히 생각해 보거라. 넌 아직 젊고 열정에 휩싸여 있다는 걸 명심해라. 어두컴컴한 수도원에서 평생 수녀복을 입고 차가운 독신녀인 달의 여신에게 힘없이 찬미가를 부르면서 남편과 아이들 없이 살 수 있는지 생각해 보거라. 열정을 억제하고 영원히 처녀로 사는 사람들은 성스럽지. 하지만, 처녀성이 하늘에서 보상을 받을 수도 있지만, 결혼한 여성은 이 땅에서 더 행복하단다. 결혼한 여성은 선택되어 아름다운 향수가 되는 장미와 같지만, 수녀는 단지 줄기에 붙은 채 시드는 법이다.

허미아 사랑하지 않는 사람에게 순결을 바치느니 차라리 시들어 죽겠습니다.

테세우스 시간을 가지고 생각해 보아라. 초승달이 뜰 즈음—히폴리타와 내가 결혼하는 바로 그날—네 아버지를 거역한 죄로 교수형을 당하든지 아니면 아버지의 소원대로 드미트리우스와 결혼을 하든지 또는 수녀로서 남은 인생을 살겠다고 맹세를 하든지 결정하여라.

드미트리우스 제발 마음을 바꿔요, 사랑하는 허미아.—그리고 라이샌더, 허미아가 당신의 여자인 양 행동하지 마. 나는 그녀를 가질 권리가 있어.

라이샌더 그녀의 아버지는 널 사랑하잖아, 드미트리우스, 그러니 허미아는 나에게 넘기고 넌 그녀의 아버지와 결혼하는 게 어때?

이지어스 그렇다, 이 괘씸한 놈 같으니. 난 드미트리우스를 사랑한다. 이게 바로 내 딸을 그에게 주고자 하는 이유다. 허미아는 내 것이니 드미트리우스에게 주려는 거란 말이다.

라이샌더 (테세우스에게) 공작님, 전 드미트리우스와 똑같이 가문도 좋고 부유합니다. 게다가 드미트리우스보다 제가 더 허미아를 사랑합니다. 저의 장래도 그보다 낫다고는 할 수 없어도 동등하다고는 생각합니다. 그리고 무엇보다 아름다운 허미아는 저를 사랑합니다.—이것이야말로 제가 자랑삼는 이 모든 것보다도 가장 중요하다고 생각합니다. 제가 왜 허미아와 결혼할 수 없는 겁니까? 저는 드미트리우스가 네다의 딸인 헬레나에게 구애를 했으며 그 둘은 서로 사랑에 빠졌다고 그의 면전에서 말할 수 있습니다. 저 아름다운 숙녀, 헬레나 역시 열렬하게 드미트리우스를 사랑합니다. 헬레나는 이 사악한 바람둥이 녀석을 맹신합니다.

테세우스 그 얘긴 나도 들은 바가 있어서 드미트리우스에게 묻고 싶었으나, 내 일이 바빠 깜빡했다.—어쨌든, 드미트리우스, 그리고 이지어스, 나와 함께 갑시다. 자네들에게만 할 얘기가 있네.—그리고 아름다운 허미아, 넌 네 아버지가 원하는 대로 하여라, 그렇지 않으면 국법에 따라 죽거나 수녀가 되는 수밖에 없으니. 이 문제는 내가 달리 할 수 있는 게 없구나.—갑시다, 히폴리타. 내 사랑, 괜찮아요? 드미트리우스, 이지어스, 따라오게. 우리 결혼식을 위해 자네들이 해야 할 일이 있네, 그리고 자네들에 관한 일로 상의할 것도 있다네.

이지어스 의무이기도 하지만 우리가 원하기 때문에 공작님을 충심으로 따르겠습니다.

라이샌더와 허미아만 남고 모두 퇴장한다.

라이샌더 어찌 된 거요, 내 사랑? 왜 그렇게 창백해? 당신의 장밋빛 뺨이 어찌 이리도 빨리 희미해졌어?

허미아 아마도 내 뺨의 장미들이 비가 필요한가 봐. 내 두 눈의 눈물로 쉽게 적셔줄 수 있잖아.

라이샌더 오, 자기야! 들어봐, 책에서 진정한 사랑은 항상 장애물이 있다고 하잖아. 연인들 사이 신분의 차이라든지.

허미아 어떤 장애물일까! 사회적 지위가 높은 사람이 지위가 낮은 누군가와 사랑에 빠지는 것.

라이샌더 혹은 나이 차가 너무 크다든가—

허미아 아 비정해! 나이 차가 많은 사람들끼리 결혼할 수 없다니.

라이샌더 아니면 보호자들이나 조언자들이 반대한다든가—

허미아 세상에 기막혀라! 다른 사람에 의해 연애가 결정된다니!

라이샌더 혹은 좋은 짝을 만나더라도 전쟁, 죽음, 또는 질병으로 깨어질 수도 있으므로 연인들의 사랑은 순간적이라 할 수 있어. 그들이 함께 한 시간은 그림자처럼 덧없거나 꿈처럼 짧을지도 몰라. 당신이 “봐”라고 말하기도 전에 사라지고 마는, 마치 번

개가 번쩍이며 하늘을 가로지르는 순간처럼 말이야. 사랑과 같은 강렬한 것들이야말로 빨리 파괴되는 법이지.

허미아 진정한 연인들이 항상 좌절을 겪는다면 그건 운명의 법칙임에 틀림없어. 그렇다면 참고 시련을 극복하자. 연인들의 좌절은 꿈, 한숨, 소망, 그리고 눈물이 그러하듯 사랑의 한 동반자이기에.

라이샌더 좋은 자세야. 그러니 들어봐, 허미아. 내겐 재산이 많지만 자식이 없는 과부 숙모가 한 분 계셔. 아테네에서 20마일쯤 떨어진 시골 마을에 사시는데 숙모는 날 친자식처럼 생각하셔. 우린 거기서 결혼할 수 있어, 아름다운 허미아, 그곳은 아테네의 엄격한 국법이 미치지 못할 거야. 계획이 있어. 당신이 날 사랑한다면, 내일 밤 아버지의 집에서 빠져나와 몇 마일 떨어진 숲에서 만나는 거야. 5월제를 기념하기 위해 헬레나와 함께 언젠가 만났던 그 장소 기억하지?—거기서 기다릴게.

허미아 맹세코 갈게. 큐피드의 가장 강력한 활과 그의 최상의 황금빛 화살촉에 걸고, 사랑의 여신인 아프로디테의 순결한 비둘기에 걸고, 연인들을 묶어주는 모든 것에 걸고, 연인 아이네아스가 디도 여왕을 찼을 때 그녀가 불에 타 죽은 모닥불에 걸고, 그리고 남성들이 깬 모든 약속(여성들보다 남성들이 더 많이 깼을 테니)에 걸고. 맹세할게, 내일 그곳에서 만나.

라이샌더 약속 지켜, 내 사랑. 저기 봐, 헬레나가 오고 있어.

헬레나가 등장한다.

허미아 안녕, 아름다운 헬레나. 어디 가니?

헬레나 날 아름답다고 했니? 다시는 그런 말 하지 마. 드미트리우스가 반할 만큼 넌 아름다워. 오, 넌 정말 좋겠다! 네 눈은 별과 같고, 네 목소리는 봄의 양치기와 같은 종달새 노래 소리보다 더 듣기 좋아. 병은 전염성이 있어. 아름다움도 그랬으면! 떠나기 전에 너의 아름다운 모습을 담아놓을 거야. 내 귀는 너의 목소리에 감염되고 내 눈은 너의 눈에 감염되고, 내 혀는 듣기 좋은 너의 나쁜 말투에 젖어있어. 이 세상이 몽땅 내 것이라면 드미트리우스를 제외한 모든 것을 너에게 주련만. 오, 네가 어떤 기술로 드미트리우스를 사랑에 빠지게 만들었는지 나에게 가르쳐줘.

허미아 내가 얼굴을 찌푸려도 그는 날 사랑해.

헬레나 오 내 미소가 너의 찡그린 얼굴만큼 효과적으로 사랑을 불어넣었으면!

허미아 내가 저주를 퍼부어도 그는 날 사랑해.

헬레나 내 기도가 그런 종류의 애정을 불러일으킬 수 있다면!

허미아 내가 미워할수록 그는 날 더 쫓아다녀.

헬레나 내가 사랑할수록 그는 날 미워해.

허미아 그가 그렇게 행동하는 건 내 잘못이 아니야, 헬레나.

헬레나 맞아, 그건 네 미모 때문이지. 나도 그런 잘못이 있었으면!

허미아 걱정 마. 그는 다시는 날 볼 수 없을 거야. 라이샌더와 난 함께 여기를 떠날 거야. 라이샌더를 만나기 전엔 아테네가 낙원 같았어. 그러나 그가 너무도 멋져서 이곳 천국이 이제 지옥 같아!

라이샌더 헬레나, 우리의 비밀 계획을 말해 줄게. 내일 밤 달이 물 위에 빛나고 풀잎이 진줏빛의 작은 구슬로 장식될 때(항상 도망치는 연인들을 숨겨주는 밤의 시간), 우리는 아테네를 몰래 빠져나갈 거야.

허미아 (헬레나에게) 너와 내가 창백한 숲속에서 서로의 달콤한 비밀을 이야기하며 빈둥거리곤 했던 숲속—그곳이 바로 라이샌더와 내가 만날 곳이야. 그때부터 우린 아테네와 등질거야. 우린 새로운 친구들을 찾고 낯선 사람들과 어울릴 거야. 잘 있어, 옛 친구야. 우리를 위해 기도해 주고 너도 드미트리우스의 사랑을 얻기를 빈다! 라이샌더, 약속 지켜줘. 우린 내일 자정까지는 서로 떨어져 있어야 해.

라이샌더 지킬게, 나의 허미아.

허미아가 퇴장한다.

라이샌더 잘 있어, 헬레나. 네가 드미트리우스를 사랑하는 만큼 그도 널 사랑하기를 바랄게.

라이샌더가 퇴장한다.

헬레나 행복은 사람에 따라 어찌 이리도 차이가 있는 걸까! 아테네 사람들은 나도 허미아 못지않게 아름답다고 생각해. 하지만 그게 무슨 소용이야? 드미트리우스가 그렇게 생각지 않는 걸, 이게 가장 중요한 문제야 나한텐. 다른 사람들은 다 알고 있는 걸 드미트리우스만 몰라주네. 그러나 그가 허미아에게 빠져있어 실수를 하는 것처럼 나도 그에게 빠져 실수하고 있는 거야. 사랑은 가치 없는 것들을 아름답게 만들어. 사랑은 눈이 아니라 마음으로 보는 거야. 그게 바로 사랑의 신 큐피드를 장님으로 그린 이유지. 그리고 사랑은 또한 분별력이 없어—큐피드는 눈은 없고 날개만 있어, 그래서 그는 무모하고 성급해. 그게 바로 사랑은 어린아이라고 사람들이 말하는 이유지. 자꾸 나쁜 선택을 하게 되니까. 소년들이 거짓말을 하면서 게임하는 것을 좋아하는 것처럼, 큐피드는 항상 약속을 어겨. 드미트리우스가 허미아를 보기 전에는 나에게 약속을 퍼부었고 영원이 내 것이라고 맹세했어. 그러나 그가 허미아에게 뜨거워지고 신경을 쓰더니, 약속은 사라졌어. 난 드미트리우스에게 가서 허미아가 내일 밤 도망갈 것이라고 말해줄 거야. 그럼 그는 허미아를 쫓아가겠지. 만약 그가 이 정보를 고맙게 여긴다면, 경쟁자인 허미아를 뒤쫓아가도록 도와준 나의 고통은 가치가 있을 거야. 적어도 그가 허미아를 쫓아가면 내가 그를 만나러 가고, 그가 돌아오면 또 다시 볼 수 있기에.

헬레나가 퇴장한다.

2장

피터 퀸스의 집

묵공 퀸스, 접합공 스너그, 직조공 보톰, 풀무수선공 플루트,
땜장이 스나우트, 재단사인 스타블링이 등장한다.

퀸스 다들 모였나?

보톰 종이에 적힌 명단 순서대로 한 번에 한 사람씩 이름을 부르는 게 좋겠어.

퀸스 아테네 전 지역에서 뽑힌 남성들로, 이들은 공작님 결혼식 날 밤에 두 분 앞에서 훌륭하게 연극을 공연할 사람들이야.

보톰 피터 퀸스, 먼저, 이 연극의 내용을 설명해주고 나서 배우들의 이름을 불러줘, 그런 다음은 입 다물어.

퀸스 좋아, 우리의 연극은 〈피라머스와 티스비의 비참한 죽음에 관한 매우 비극적인 코미디〉야.

보톰 내가 말할게, 아주 멋진 작품이야. 그리고 매우 재밌는. 자, 피터 퀸스, 명단에 있는 배우들의 이름을 불러줘. 여러분, 피터

퀸스 주변에 모입시다.

퀸스 이름을 부를 테니 대답해. 직조공, 닉 보톰?

보톰 여기요. 어떤 역할인지 말해주게, 빨리.

퀸스 자네, 닉 보톰, 피라머스 역일세.

보톰 피라머스가 뭔데? 연인 역인가, 아니면 폭군 역인가?

퀸스 사랑을 위해 숭고하게 자살을 하는 연인 역할이야.

보톰 내 역할을 믿게 하려면 내가 울어야겠는데. 내가 울기시작하면 청중들은 조심해야 해, 왜냐면 그들 또한 울 테니까. 난 그들의 눈에서 눈물이 빗물처럼 쏟아지게 할거야. 난 청중이 감정이입하도록 비통해 할 거야.—다른 배우들의 이름을 말해봐.—그러나 난 폭군 역할도 하고 싶어. 헤라클레스, 또는 고래고래 소리치는 역도 잘할 수 있는데. 난 정말로 고래고래 소리를 지를 수 있어. 자, 들어봐.

맹렬한 바위들과
떨고 있는 충격은
감옥 문들의
자물쇠를 부순다.
그리고 태양신의 마차가
멀리서 빛을 비추면
어리석은 운명의 여신들
여지없이 쓰러지리.

보톰 오, 얼마나 감동적인가!—자 이젠 다른 배역들의 이름을 불러보게.—그런데, 방금 내 연기는 폭군인 헤라클레스 스타일이었어. 물론, 연인 역은 좀 더 애달픈 느낌이어야겠지.

퀸스 프란시스 플루트, 풀무수선공?

플루트 여기 있네, 피터 퀸스.

퀸스 플루트, 자넨 티스비 역을 해주게.

플루트 티스비가 누군데? 탐색 중인 기사?

퀸스 티스비는 피라머스가 사랑하는 여인일세.

플루트 안돼, 여자 역할 시키지 마. 수염이 나고 있는 걸.

퀸스 상관없어. 가면을 쓸 거야. 할 수 있을 만큼 목소리를 가늘게 하면 돼.

보톰 가면을 쓰는 거라면 티스비 역도 내가 할게. 먼저 피라머스 역을 해볼게: "티스네, 티스네!"—아주 기막히게 가는 소리로: "아, 피라머스, 나의 사랑, 당신의 티스비가 여기 있어요. 당신의 연인이!"

퀸스 안돼, 안돼. 보톰, 자넨 피라머스를 해야 돼.—그리고 플루트, 자네가 티스비야.

보톰 좋아, 계속해.

퀸스 로빈 스타블링, 재단사?

스타블링 여기 있네, 피터 퀸스.

퀸스 로빈 스타블링, 자넨 티스비의 어머니 역일세.—다음은 땜장이, 톰 스나우트.

스나우트 여기 있네, 피터 퀸스.

퀸스 자넨 피라머스의 아버지 역이야—난 티스비의 아버지 역일세—접합공, 스너그, 자넨 사자 역을 맡게.—이것으로 모든 배역이 정해졌으니 잘 되었으면 하네.

스너그 사자 역도 대사가 있나? 있다면 이리 주게. 난 머리가 둔해서 암기가 더디거든.

퀸스 즉흥적으로 해. 그저 으르렁대기만 하면 되니까.

보톰 그 사자 역도 내가 하겠네. 나의 으르렁거리는 소리를 듣는 사람은 그 누구라도 감동받을 거야. 내가 으르렁대면 공작님이 들으시고 "한 번 더 으르렁대봐라, 한 번 더!"라고 말씀하실 걸세.

퀸스 자네가 너무 난폭하게 으르렁대다간 공작부인과 숙녀들이 자지러지게 놀라 비명을 지를 거야. 그렇게 되면 우린 모두 교수형 감이라고.

일동 그래, 우리는 하나같이 모두 처형될걸.

보톰 자 친구들이여, 숙녀들에게 심하게 공포를 주면 우리를 교수형에 처할 수밖에 없다는 것을 인정해야 해. 하지만 난 부드럽게 소리를 낼게—여러분도 아시다시피, 목소리를 악화시켜, 말하자면—새끼 비둘기처럼 부드럽게 으르렁댈 게. 달콤하고 평화로운 나이팅게일처럼 짖어 볼게.

퀸스 자넨 피라머스 역할 외엔 할 수 없어. 왜냐면 피라머스는 미남이며 여름날에 찾을 수 있는 가장 잘생긴 남자, 가장 사랑스런 신사이기 때문이야. 자넨 피라머스 역을 할 수 있는 유일한 사람이야.

보톰 그럼, 해볼게. 그런데 어떤 수염을 붙이지?

퀸스 원하는 것 아무거나 해.

보톰 밀짚 빛깔, 또는 모래 빛깔, 아니면 붉은 빛깔, 혹은 프랑스 동전 색인 샛노란 빛깔의 수염을 달고 할까.

퀸스 프랑스 사람들 중 일부는 수염이 전혀 없어, 매독이 털을 다 빠지게 했대. 그러니 자네도 수염 없이 해야 해. —그건 그렇고, 신사 분들, 여기 대본이 있네, 내일 밤까지는 대사를 다 암기하기를 바라네. 시내에서 1마일 떨어진 공작님의 숲에서 만나세. 거기서 연습하는 것이 최선이야, 만약 시내에서 연습을 하면, 많은 사람들의 방해를 받을 것이고 그러면 모든 사람들이 우리의 연극 줄거리를 알게 될거야. 그 사이에, 난 연극에 필요한 소품 목록을 만들겠네. 그럼 모두들 내일 밤 어김없이 모이세. 날 곤경에 빠뜨리지 말게.

보톰 틀림없이 가겠네. 거기서 용감하게, 멋지게, 진심을 다해서, 비밀리에 연습하세. 수고들 하게, 각자 대사 암기하고. 잘 가게.

퀸스 공작님의 숲속 거대한 참나무 밑에서 만나세.

보톰 알겠나? 안 나오면 다시는 안 볼 거야.

모두가 퇴장한다.

제2막

남성의 욕망은 이성의 지배를 받는 법이오.
당신이 허미아보다 더 사랑할 가치가 있다고 내 이성이
말해주는군요. 과일과 야채는 그 해의 적절한 시기가 될 때
까지는 익지 않아요. 마찬가지로, 난 젊고, 내 이성은 이제
막 무르익었소. 난 이제야 빛을 볼 수 있소. 내 이성은
예전보다 내 욕망을 통제할 수 있소, 그리고 그것이 바로
나에게 당신의 눈을 들여다보라고 말해주는 거요.

(2장: 라이샌더의 대사 중에서)

1장

공작의 궁궐이 있는 숲속

요정과 로빈 굿펠로('퍽' 또는 짓궂은 정령)가 무대에서 만난다.

퍽 안녕, 요정아! 어딜 가니?

요정 숲과 가시덤불을 통해 언덕과 계곡을 지나고, 물길과 불길을 통해 뜰과 울타리를 건너. 달이 지구 주위를 도는 것보다 더 빠르게 모든 곳을 돌아다녀. 난 요정의 여왕 티타니아를 위해 일해, 그리고 풀밭에서 그녀를 위해 요정 춤을 준비해. 앵초 꽃들은 여왕님의 경호원들이야. 앵초 꽃 잎의 점은 루비이며 요정의 선물이야. 달콤한 향기는 작은 점에서 나오지. 난 이제 이슬을 찾아 모든 앵초 꽃에 진주 귀걸이를 달아줘야 해. 잘 가, 바보 같은 늙은 정령아. 난 가야 해. 여왕님과 요정들이 곧 여기에 올 거야.

퍽 왕이 오늘 밤 여기서 잔치를 베푸셔. 너의 여왕께선 이곳에 오지 않는 것이 좋을 거야. 오베론 왕이 몹시 진노하고 계시거든.

여왕이 인도 왕한테서 사랑스런 소년을 훔쳤기 때문이야. 여왕이 이전에는 한 번도 가져본 적 없던 그렇게 사랑스런 소년을 데리고 있어서, 오베론 왕이 질투하는 거야. 왕은 그 소년이 자신과 함께 야생의 숲속을 떠돌아다니기를 원해. 그러나 여왕은 오베론에게 소년을 넘겨주지 않아. 오히려 소년의 머리를 꽃으로 장식해주며 유별나게 애지중지하셔. 이제 두 분은 서로 말도 안 하셔. 어디에서도—숲에서나 들에서나 맑은 샘가에서나 별빛 아래서도—아예 만나지 않아. 얼굴을 맞대기만 하면 싸워. 그래서 요정들은 겁을 먹고 도토리 껍질 속에 숨어서 나오지 않아.

요정 내가 잘못 안 게 아니라면 넌 로빈 굿펠로라고 불리는 짓궂은 장난꾸러기 정령이 틀림없을 거야. 마을 처녀들을 질겁하게 하고, 우유 위의 크림을 훔치고, 밀가루를 휘저어 못쓰게 만들고, 우유를 버터로 만드는 부인들을 방해하여 실패하게 하는 장난꾸러기지? 때로는 맥주 거품 내는 일을 방해하고, 밤길을 걷는 사람들을 유인하여 길을 잃게 하고 박장대소하는 자가 바로 너지? 어떤 사람들이 너를 '홉고블린'(도깨비)이나 '귀여운 퍽'이라고 불러주면 넌 그들에게 잘해준다지. 넌 그들을 위해 일도 해주고 행운도 안겨준다며, 그게 바로 너지?

퍽 그래 네 말이 맞아. 네가 말한, 밤의 유쾌한 방랑자가 바로 나야. 나야말로 오베론 왕의 어릿광대야. 뚱뚱하고 식욕이 왕성한 수말이 나를 젊은 암말로 생각하도록 속일 수 있어. 이따금씩 난 사과로 변장하여 노파가 마시는 술잔 바닥에 숨곤 해. 그녀가 술을 한 모금 마실 때 난, 그녀의 입술을 탁 쳐서 쭈글쭈글한 목에 술을 흘리게 만들어. 또 어떤 때는 현명한 노파가 날 세 발 달린 걸상으로 착각하고 슬픈 이야기를 해주기 위해서 내 위에 앉아. 그러면 난 그녀 밑에서 미끄러지고 그녀도 넘어지면서, "아야, 내 엉덩이"라고 울며 기침하기 시작해. 그럼 사람들은 웃으며 즐거워 해. 잠깐만, 옆으로 비켜, 요정아! 오베론 왕이 오셔.

요정 그리고 여왕님, 티타니아도 오시네. 오베론 왕이 그냥 지나갔으면 좋겠는데.

요정의 왕, 오베론이 하인들과 들어온다.

무대 반대편에 요정의 여왕 티타니아와 그녀의 하인들이 등장한다.

오베론 티타니아, 당신을 보다니 재수 없어.

티타니아 뭐라고요, 질투하나요, 오베론?—요정들아, 어서 여기서 나가자. 난 이분과 동침은 물론이고 다시는 말도 않겠다고 맹세했으니.

오베론 잠깐, 이런 뻔뻔한 여자 보게. 당신의 주인이자 남편인 나에게 복종해야 하지 않은가?

티타니아 당신이 내 주인이자 남편이면, 난 당신의 여인이며 부인임에 틀림없군요. 그럼 당신은 나에게 남편으로서 도리를 다해야 하고요. 그러나 당신은 양치기로 변장하고 요정나라에서 몰래 빠져나와 새로운 여자 친구에게 보리피리를 불어주고 사랑의 노래를 불러주며 하루 온종일 보냈다는 사실을 난 알아요. 당신이 인도를 떠나 여기에 온 이유는 그 거친 아마존의 히폴리타를 보기 위해서잖아요. 그녀는 장화 신은 여인이며 당신의 용맹스러운 연인이었어요, 이제 테세우스와 결혼하니 그들을 축하해주러 왔잖아요.

오베론 테세우스를 향한 당신의 사랑을 알고 있는데, 어떻게 거기서서 나와 히폴리타에 대해 뻔뻔하게 말할 수 있어? 테세우스가 페리구네를 겁탈한 직후, 한밤중에 그녀를 버리도록 한 것도 당신이잖아? 테세우스로 하여금 그의 모든 연인들, 이글레스, 아리아드네 그리고 안티오파를 버리게 한 것도 당신이 아니냔 말이오?

티타니아 그건 단지 질투에서 비롯된 거짓이에요. 한여름부터 요정들과 난 당신의 방해 때문에 그 어디서도 만나지 못해 바람 속에서 춤을 출 수 없었어요. 우린 자갈 깔린 개울 또는 급류 때문에 언덕이나 계곡에서, 숲이나 목초지에서 또는 당신의 방해 때문에 바닷가의 해변에서도 만날 수 없었어요. 당신의 방해로 우리가 그들을 위해 춤을 출 수 없자 바람은 바다에서 물보라를 일으켜 강을 범람하게 했어요, 마치 당신에게 앙갚음이라도 하는 것처럼. 그래서 황소와 농부들의 노고는 모두 수포로 돌아갔어요, 익지 않은 곡식이 여물기 전에 썩었기 때문이에요. 양의 우리는 물에 잠긴 들판 한가운데 텅 빈 채로 남아있고, 까마귀들은 감염된 양의 시체를 먹고 살이 찌고. 사람들이 주로 모여 놀던 들판은 진흙으로 가득 차있고, 풀밭에 만들어 놓은 정교한 미로조차 볼 수 없어요, 누구의 발길도 닿지 않아 풀이 너무 크게 자라버렸기 때문이에요. 여긴 겨울이 없어요, 그래서 이곳 사람들은 겨울에 부르는 신성한 찬미가나 캐롤송으로 위로받지도 못해요. 밀물과 썰물을 조절하는 창백하고 성난 달이 질병으로 공기를 채우게 되자 계절이 뒤바뀌기 시작했어요. 블랙 유머 같지만 차가운 서리가 붉은 장미 위에 펴지고, 얼어붙은 겨울은 달콤한 여름 꽃들의 화관을 써요. 봄, 여름, 비옥한 가을, 성난 겨울은 모두가 바뀌어, 지금 혼란스런 세상은 어느 계절인가 분간할 수 없게 되었어요. 이 모든 것은 우리의 불화 때문이에요. 우리가 책임져야 해요.

오베론 그렇다면 당신이 어떻게 좀 해 봐. 당신은 바로잡을 힘이 있잖아. 왜 티타니아가 오베론과 싸워야 하는 거요? 난 다만 그 작은 소년을 내 시동으로 삼고 싶을 뿐이요.

티타니아 그만 둬요. 난 그 소년을 요정의 나라 전부하고도 바꾸지 않을 거예요. 그의 어머니는 내가 존경하는 사람들 중의 한 분이셨고, 우린 항상 인도의 밤 바닷가에 앉아 항해하러 나가는 상인의 배를 보면서 잡담을 하곤 했어요. 그 배의 돛은 바람으로 채워져 임신한 배처럼 불룩해 보였어요. 마치 바람이 돛을 임신시킨 것처럼. 그래서 우린 돛을 바라보며 웃곤 했지요. 그녀는 나의 시동인 소년을 잉태하고 있었기 때문에—그녀는 돛단 상선을 흉내 내곤 했어요.—나에게 작은 선물을 가져다주기 위해 혼자 땅 위를 항해하고, 항해에서 돌아오는 배처럼 선물을 가져오곤 했어요. 그러나 그녀는 그 아이를 낳다가 그만 세상을 떠났어요, 그 애 어머니를 봐서라도 난 그 아이를 키워야 해요. 그 애를 포기하지 않을 거예요.

오베론 이 숲에 얼마나 머물러 있을 셈이지?

티타니아 아마 테세우스 공작의 결혼식이 끝날 때까지 있게 될 거에요. 당신이 얌전히 굴고 우리의 서클 댄스와 달빛 축제에 참가한다면 함께 가도 좋아요. 그렇지 않다면 날 좀 가만 둬요. 나도 상관 안 할 테니까요.

오베론 그 소년만 내게 준다면 당신을 따라가리다.

티타니아 당신이 요정의 나라를 준다고 해도 그럴 순 없어요.—요정들아, 가자! 여기 더 있다가는 싸움을 피할 수 없을 것 같구나.

티타니아와 그녀의 요정들이 퇴장한다.

오베론 그래, 갈 테면 가라. 내가 이 모욕을 되돌려주기 전에는 당신은 이 숲을 떠날 수 없어. (퍽에게) 내 사랑 퍽, 이리 와. 넌 내가 절벽에 앉아있을 때, 돌고래 등에 탄 인어가 감미롭고 조화로운 노래를 부르던 것을 기억하지? 그 노랫소리는 거센 바다를 잠재웠고 하늘의 별들은 그 노래를 더 잘 듣기 위해 하늘에서 뛰어내렸어, 기억하지?

퍽 네, 기억나요.

오베론 그날 밤, 난 큐피드가 자신의 모든 화살을 가지고 달에서 지상으로 날아가는 것을 보았다.(넌 큐피드를 볼 수 없었지만 난 볼 수 있었단다) 큐피드는 세계의 서쪽에서 왕좌에 앉아있는 아름다운 처녀를 향해, 십만 개의 심장을 충분히 뚫을 만큼 사랑의 화살을 잘 쏘았지. 그러나 큐피드의 불같은 화살은 촉촉하고 순결한 달빛에 비쳐 떨어졌어. 그래서 처녀왕은 사랑에 대한 생각에 방해받지 않고 순결한 생각에 잠겼어. 그러나 난 큐피드의 화살이 떨어진 곳에 주목했어. 화살은 우유빛처럼 흰 작은 서양꽃 위에 떨어졌는데, 지금은 그 꽃이 사랑의 화살때문에 생긴 상처로 보라색으로 변했어. 어린 소녀들은 그것을 '삼색 제비꽃'이라고 부르더라. 그 꽃을 가져오너라. 내가 너한테 한번 보여준 적이 있지. 만약 그 꽃의 즙을 잠들어있는 사람의 눈꺼풀에 놓으면 그 사람이 깨어 처음 보는 사람과 사랑에 빠질 거야. 그 꽃을 가져 오너라, 바다 괴물이 3마일을 헤엄쳐 가기 전에.

퍽 사십 분이면 이 지구를 한 바퀴 돌 수 있어요.

퍽이 퇴장한다.

오베론 꽃 즙을 가져오면 티타니아가 잠자는 틈을 타서 그녀의 눈에 떨어뜨려야지. 그러면 그녀가 깨어나 처음 보는 것에 미친 듯이 사랑에 빠질 거야—그것이 비록 사자든, 곰이든, 늑대든, 황소든, 원숭이, 또는 유인원이든. 그리고 내가 그녀를 정상으로 되돌리기 전에—(난 그녀를 다른 식물로 치료할 수 있어) 난 그녀가 그 소년을 내 시동으로 주게 만들 거야. 그런데 저기 오는 자가 누구지? 눈에 띄지 않게 그들의 대화를 엿들어야겠다.

드미트리우스가 등장하고, 헬레나가 뒤따라 등장한다.

드미트리우스 이봐, 난 널 사랑하지 않아, 그러니 따라오지 마. 라이샌더와 아름다운 허미아는 어디 있지? 내 그놈을 작살내고 말테다. 그러나저러나 허미아는 날 말려 죽이는군. 그들이 이 숲으로 도망쳐 왔다고 했지? 나도 그 말을 믿고 쫓아왔는데, 찾을 수 없으니 미쳐버릴 것 같아. 저리 가, 꺼져, 더 이상 따라오지 말라고.

헬레나 당신이라는 잔인한 자석이 날 끌어당기고 있어! 당신이 끌어당기는 것은 그냥 철이 아니야. 강철같이 진실한 내 마음이야. 날 끌어당길 수 있는 당신의 힘이 누그러지면 당신을 따라갈 내 힘도 없어지고 말 거야.

드미트리우스 내가 널 유혹했다고? 내가 언제 친절한 말 한마디라도 한 적 있어? 난 널 사랑하지도 않고 사랑할 수도 없다고 분명하게 말했잖아?

헬레나 하지만 당신이 그렇게 말할수록 난 당신을 더 사랑하게 돼. 난 당신의 작은 개야, 드미트리우스. 당신이 날 때리면 때릴수록, 난 당신을 더 사랑하게 될 거야. 개 취급하듯 날 차고, 때리고, 무시하고, 버리려고 해봐. 비록 당신에게 충분한 사람은 아니지만 당신을 따라가게 해줘. 내가 당신에게 개를 대하듯 날 다루어 달라는 것보다 더 비천한 요구가 있을까? 그럼에도 불구하고 난 당신의 개가 되는 것을 영광으로 생각할거야.

드미트리우스 강요하지 마. 당신을 보는 것 자체가 구역질이 나.

헬레나 난 당신을 못 보면 구역질이 나.

드미트리우스 당신은 아테네를 떠나 자신을 사랑하지 않는 누군가를 쫓으며 당신의 명성을 위태롭게 하고 있어. 한밤중에 인적 없는 곳에 혼자 있는 것은 순결을 지키는 최선의 방법이 아니야.

헬레나 당신의 미덕이 날 안심시켜줘. 당신의 빛나는 얼굴을 볼 수 있으니 나에겐 밤이 아니야. 당신이 있으니 이 숲은 인적 없는 곳도 아니지. 당신은 나에게 이 세상의 전부야. 온 세상이 나를 지켜보고 있는데 어떻게 인적 없는 곳이라고 할 수 있어?

드미트리우스 난 도망쳐서 덤불 속에 숨어버릴 거야, 그리고 날짐승의 처분에 널 맡길 거야.

헬레나 제아무리 맹수라도 당신처럼 잔인하지 않아. 갈 테면 가. 다프네와 아폴로의 이야기가 바뀔 테니: 욕망의 신 아폴로는 처녀 요정 다프네로부터 도망치고 비둘기는 자신을 잡아먹는 그리핀을 쫓고, 그리고 유순한 사슴은 호랑이를 잡으려고 하는 격이지—겁쟁이가 쫓아가고 강한 쪽이 달아날 때에 속도는 아무 의미도 없어.

드미트리우스 난 더 이상 당신 말을 듣고 싶지 않아. 날 혼자 있게 해줘. 날 따라오면 숲속에서 당신에게 나쁜 일을 할 수 있다는 것 또한 명심해.

헬레나 그러죠, 당신은 이미 교회, 마을, 들판에서 나를 다치게 했어. 부끄러운 줄 알아, 드미트리우스! 당신의 행동은 모든 여성에게 모욕을 주는 거야. 남자들은 사랑을 위해서 싸울 수 있지만 여자들은 싸울 수 없어. 여자들은 늘 쫓겨 다녀야 하고 구애를 받아야 해. 쫓아다니도록 태어나지 않았어.

드미트리우스가 퇴장한다.

헬레나 당신을 따라가서 지금의 이 지옥을 천국으로 바꿀 거야. 사랑하는 사람 손에 죽는다는 것은 성스러운 일일 테니.

헬레나가 퇴장한다.

오베론 잘 가, 요정아. 그가 이 숲을 떠나기 전에, 네 입장이 바뀔 거야.

퍽이 등장한다.

오베론 그 꽃을 가져왔느냐? 어서 와라, 방랑자야.

퍽 예, 여기 있어요.

오베론 이리 다오. (그는 퍽에게서 꽃을 가져간다) 난 야생의 티무스(백리향), 앵초 꽃, 그리고 제비꽃이 자라는 곳을 알고 있다. 그곳은 감미로운 인동덩굴, 달콤한 사향 장미, 그리고 들장미로 덮여 있어. 티타니아는 때때로 밤에 그곳에 가서 춤을 추고 여러가지 기쁨에 취해 꽃 속에서 잠이 들곤 하지. 뱀들이 그곳에서 허물을 벗으면 그 허물은 요정이 덮을 만큼 충분히 넓어. 나는 그때 이 꽃 즙을 티타니아의 눈에 떨어뜨려줄 거야, 그러면 그녀는 흉측한 망상과 욕망에 사로잡히게 될 거야.(퍽에게 꽃의 일부를 준다) 너도 꽃 즙을 조금 가지고 가서 숲속을 둘러보아라. 어여쁜 아테네의 한 여성이 자기와 아무런 관계도 원치 않는 젊은 남자를 사랑한다. 이 꽃 즙의 일부를 그 젊은이의 눈에 떨어뜨리고 청년이 깨어서 처음 보는 것이 꼭 그 여인이 되도록 확실히 해야 한다. 청년이 아테네의 옷을 입고 있기 때문에 알아볼 수 있을 것이다. 조심히 해라, 그 여인이 청년을 사랑하는 것보다 그가 여인을 훨씬 더 사랑하도록 해야 한다. 그런 다음 새벽닭이 울기 전에 꼭 만나자.

퍽 염려 마세요. 분부대로 하구 말고요.

그들 모두 퇴장한다.

2장

숲속의 다른 곳

요정나라 여왕, 티타니아가 시종들과 함께 등장한다.

티타니아 자, 원을 그리며 춤을 추고 요정 노래를 불러라, 그러고 나서 잠깐 일을 하러 나가라. 너희들 중 몇몇은 장미꽃 봉오리에 들끓고 있는 벌레를 죽여라. 또 몇몇은 박쥐와 싸워 그 가죽 날개를 떼어 와라. 그래야 작은 요정들의 코트를 만들 수 있어. 그리고 몇몇은 밤만 되면 부우부우 울어대 나의 귀여운 요정들을 놀래키는 시끄러운 부엉이를 쫓아내라. 이젠 내가 잠을 자도록 노래를 불러라, 그런 다음 각자 맡은 일을 하러 나가라, 나는 쉴 것이다.

요정들이 노래한다.

요정1 (노래한다)

혓바닥 갈라진 뱀들

그리고 고슴도치는 보이지 않는군.

치명적인 도마뱀아 장난을 치지 마라.

우리 요정의 여왕님 곁에 오지 마라.

요정들 (노래한다)

아름답게 노래하라, 나이팅게일이여

달콤한 자장가를 불러 주렴

자장자장 잘 자라 자장자장 잘 자라

해치지 마

주문도 외우지 마, 마술도 걸지 마

사랑스런 여왕님 곁에 오지 마

자장가를 들으며 잘 자라.

요정1 (노래한다)

그물 거미들아, 가까이 오지 마라.

긴 다리 거미들아 저리 가라!

까만 딱정벌레들도 얼씬 마라.

벌레들도 달팽이들도 나쁘게 굴지 마라.

요정들 (노래한다)

아름답게 노래하라, 나이팅게일이여

달콤한 자장가를 불러 주렴

자장자장 잘 자라 자장자장 잘 자라

해치지 마

주문도 외우지 마, 마술도 걸지 마

사랑스런 여왕님 곁에 오지 마

티타니아가 잠든다.

요정2 자, 물러가자! 이제 다 괜찮아. 한 명은 남아서 보초를 서라.

요정들이 퇴장한다.

오베론이 등장한다.

오베론 (그는 티타니아의 눈꺼풀에 꽃 즙을 바른다) 잠에서 깨었을 때 처음 보는 것을 당신의 진정한 연인으로 생각해. 그를 사랑하고 갈망해, 그것이 스라소니, 고양이, 곰, 표범, 또는 멧돼지라도. 잠에서 깨어 처음 보는 것이 그 어떤 것이라도 그것은 당신에게 소중할 거야. 고약한 것 옆에서 깨어나기를.

오베론이 퇴장한다.

라이샌더와 허미아가 등장한다.

라이샌더 내 사랑, 숲속을 오랫동안 헤매어서 그런지 기절할 것 같아 보여. 사실 나도 길을 잃었어. 우리 좀 쉴까, 괜찮다면 여기서 일이 더 쉬워질 새벽을 기다리기로 해.

허미아 그렇게 해, 라이샌더. 편안하게 잘 수 있도록 베개 같은 것을 한번 찾아봐. 난 이 둑을 베개 삼아 잘 테니.

라이샌더 덤불에서 우리 둘이 함께 자도 좋은데. 마음은 하나, 침대도 하나, 몸은 둘, 그리고 충실한 서약도 하나.

허미아 안 돼, 라이샌더. 제발, 부탁이야. 떨어져 누워. 가까이 눕지 마.

라이샌더 오, 자기야, 무례하게 굴 의도는 없었어. 연인들이 서로 얘기할 때, 그들의 마음은 서로를 이해해야만 해. 난 단지 우리 각자의 마음이 합해져야, 하나의 마음이 될 수 있다는 것을 보여주고 싶었을 뿐이야. 우리의 두 몸은 서로에게 한 약속으로 결합되었어, 그래서 두 몸과 하나의 충실한 서약이 있어. 그러니 당신 옆에서 자게 해줘. 내가 당신 옆에 누워야 거짓말을 하지 않는 거야—난 약속을 지키고 싶고 당신을 존경하고 싶어.

허미아 라이샌더, 참 말도 잘한다. 당신이 거짓말쟁이라고 내가 말하고자 했다면 난 분명히 버릇없고 수치스러운 인간일 거야. 하지만 제발, 자기야, 예의를 지켜서 좀 떨어져 자 줘.

이렇게 신체적으로 떨어져 있는 것이 순결한 총각과 처녀에게 적합한 거야. 지금은 떨어져 자자, 잘 자, 나의 달콤한 친구여. 나에 대한 당신의 사랑이 평생 이렇게 강하게 남아있기를 바랄게!

라이샌더 전적으로 동감해. 당신에 대한 나의 충성심이 끝나기 전에 내 삶이 끝나기를 바랄게. 잘 자!

허미아 너도 잘 자.

허미아와 라이샌더가 잠이 든다. 퍽이 들어온다.

퍽 숲 전체를 다 뒤졌지만 꽃을 쓸 아테네 남자를 찾을 수가 없군. (퍽은 라이샌더와 허미아를 본다) 잠깐만, 이게 누구야? 아테네 옷을 입고 있잖아. 이 사람이 아테네 처녀를 거절한 사람임에 틀림없어. 축축하고 더러운 땅바닥에 곤히 잠들어 있는 처녀도 여기 있군. 예쁜 처녀! 그녀는 이 무례하고 무정한 남자 옆에 누워서는 안 되는데. (퍽은 꽃 즙을 라이샌더의 눈꺼풀 위에 바른다) 이 얼간이, 너의 눈에 이 모든 마법의 힘을 떨어뜨려 주마. 깨어나면, 사랑이 너를 잠들게 하지 못할 거다. 내가 떠나면 깨어라, 난 이제 오베론 왕에게 가야만 한다.

퍽이 퇴장한다.

드미트리우스와 헬레나가 뛰어온다.

헬레나 멈춰, 드미트리우스. 멈춰, 날 죽여도 좋으니.

드미트리우스 분명히 말하는데 여기서 꺼져. 이렇게 날 따라오지 말라고.

헬레나 어둠 속에 날 버려두고 갈 거야? 그러지 마.

드미트리우스 위험을 각오하고 있어라. 난 혼자 간다.

드미트리우스가 퇴장한다.

헬레나 오, 이렇게 어리석게 뒤쫓느라고 숨차 죽겠네! 기도를 하면 할수록 드미트리우스로부터 벗어나기가 어려워. 허미아는 예쁜 눈을 가졌기 때문에 어디에 있든지 인기가 있을 거야. 그녀의 눈은 어떻게 그리 눈부실까? 울지 않아서? 눈물이라면 내가 그녀보다 더 많이 흘렸는걸. 절대로 그렇진 않아. 난 곰처럼 못생겼어, 나를 보는 동물들이 겁에 질려 도망가니까. 드미트리우스가 내가 괴물인 양 달아나는 것도 놀라운 일은 아니야. 어떤 사악하고 기만적인 거울이 내가 허미아의 빛나는 눈에 필적할 수 있다고 생각하게 만들었을까? (그녀는 라이샌더를 본다) 그런데 여기 이 사람이 누구지? 라이샌더, 땅바닥에? 죽었나? 잠자나? 피를 흘리거나 부상을 입은 것도 아닌 것 같은데—라이샌더, 살아있다면, 일어나요.

라이샌더 (일어나며) 그대를 위해서라면 불속에라도 뛰어들겠소. 빛나고 아름다운 헬레나! 마법처럼, 대자연이 나에게 당신의 마음을 들여다볼 수 있도록 허락한 것 같아요. 드미트리우스는 어디 있나요? 오, 내가 할 수만 있다면 단칼에 그를 죽이고 싶군!

헬레나 그렇게 말하지 말아요, 라이샌더. 그러지 말아요. 왜 당신은 그가 허미아를 사랑하는 것에 신경을 쓰나요? 뭐가 문제죠? 허미아는 여전히 당신을 사랑하는데, 그러니 그것으로 만족하세요.

라이샌더 허미아로 만족하라고? 천만에요. 그 여자와 함께 보낸 지루한 시간을 모두 후회하오. 난 허미아를 사랑하지 않아요; 난 헬레나를 사랑해요. 누가 까마귀보다 비둘기를 더 사랑하지 않겠어요? 남성의 욕망은 이성의 지배를 받는 법이오. 당신이 허미아보다 더 사랑할 가치가 있다고 내 이성이 말해주는군요. 과일과 야채는 그 해의 적절한 시기가 될 때까지는 익지 않아요. 마찬가지로, 난 젊고, 내 이성은 이제 막 무르익었소. 난 이제야 빛을 볼 수 있소. 내 이성은 예전보다 내 욕망을 통제할 수 있소. 그리고 그것이 바로 나에게 당신의 눈을 들여다보라고 말해주는 거요, 내가 모든 사랑 이야기를 보는 곳에서 말이죠.

헬레나 왜 모든 사람들이 나를 놀리는 건가요? 내가 왜 당신에게 이런 대접을 받아야 하죠? 내가 드미트리우스에게 친절한 시선을 받을 만큼 충분히 예쁘지 않다는 것도 힘들 것 같지 않나요? 왜 당신은 나의 아픔을 들쑤시는 거죠? 세상에, 당신이 그렇게 경멸적으로 나에게 구애를 하는 것은 잔인한 거예요. 잘 가세요, 하지만 난 당신이 이보다 훨씬 친절한 사람이라고 생각했었다는 말은 해야겠군요. 오, 한 남자로부터 거절당한 여자가 또 다른 남자에게 끔찍한 취급을 당하다니 얼마나 소름끼치는 일인가!

헬레나가 퇴장한다.

라이샌더 헬레나는 허미아를 보지 못했나봐—허미아, 계속 자라, 다시는 내 근처에 얼씬도 마라! 단 것을 너무 많이 먹으면 배가 아픈 법이지, 그리고 사람들은 항상 다른 사람들이 저질렀던 실수보다 자신이 과거에 저질렀던 실수를 더 싫어해. 허미아, 넌 내가 너무 많이 먹은 단 것이고 내가 저질렀던 실수야, 그래서 난 사람들이 널 싫어하는 것보다 훨씬 더 네가 싫어. ―난 모든 재능과 노력을 헬레나에게 바쳐서 그녀의 존경을 받을 거야.

라이샌더가 퇴장한다.

허미아 (잠에서 깨어나며) 도와줘요, 라이샌더, 도와줘요! 내 가슴에서 이 뱀을 떼어줘요. 아이고, 무서워! 이 끔찍한 꿈은 뭐지! 라이샌더, 내가 두려워서 얼마나 많이 떠는지 좀 봐. 뱀이 내 가슴을 뜯어먹는 것 같았어. 그런데 당신은 웃으며 보고만 있는 거야. 라이샌더!―아니, 가버린 거야?―라이샌더! 나의 님!―아니, 내 말 안 들려요? 가버렸나요, 말도 없이? 이럴 순 없지! 오, 세상에, 어디 있는 거야? 내 말이 들리면 뭐라도 말해봐. 뭐라도 말해, 제발! 무서워서 기절할 것 같아. 없어요? 아마 가까이 없는 것이 분명해. 지금 당장 당신을 찾거나―아니면 내가 죽거나―

허미아가 퇴장한다.

티타니아가 무대 위에 잠들어 있는 동안, 광대들―보톰, 퀸스, 플루트, 스너그, 스나우트 그리고 스타블링이 등장한다.

제3막

그렇다면 그것은 운명임에 틀림없어요. 그게 바로 세상의 이치예요. 많은 사람들은 진정한 사랑에 충실한 사람들을 뒤로하고 결국 다른 연인을 쫓아가는 거죠.

(2장: 퍽의 대사 중에서)

1장

숲

티타니아가 무대에서 잠들어 있는 동안, 광대들—보톰, 퀸스, 플루트, 스너그, 스나우트, 그리고 스타블링이 등장한다.

보톰 다들 모였나?

퀸스 제 시간에 모였어. 이곳은 리허설하기에 완벽한 장소야. 이 잔디밭은 무대로, 산사나무 덤불은 탈의실로 이용하세. 공작님 앞에서 공연하는 것처럼 정확히 연습하세.

보톰 피터 퀸스—

퀸스 뭐야. 유쾌한 보톰?

보톰 희극인 피라머스와 티스비에서 우리가 결코 할 수 없는 것이 몇 가지가 있어. 먼저, 피라머스는 스스로 목숨을 끊기 위해 칼을 뽑아야 하는데, 여성 관객들은 차마 보지 못할 거야. 이 점을 어떻게 해결하지?

스나우트 맹세코, 그건 진정한 문제지.

스타블링 자살하는 모든 장면은 없애야 한다고 생각해.

보톰 천만에! 모든 것을 잘 해결할 계획이 있어. 연극이 시작되기 전에 관객에게 말해줄 프롤로그를 나에게 써줘. 나는 그들에게 칼로 누구도 다치게 하지 않을 것이며, 피라머스는 실제로 죽는 것이 아니라고 말할 거야. 더 분명히 하기 위해, 난 피라머스 역을 연기하지만 사실은 피라머스가 아니고 직조공 보톰입니다 라고 관객에게 말하는 거야. 그러면 그들은 겁먹지 않을 거야.

퀸스 좋아, 그러면 프롤로그를 하는 걸로. 발라드처럼 운율을 8.6조로 쓸게.

보톰 아니, 두 음절을 더 보태어 8.8조로 하자.

스나우트 숙녀들이 사자를 무서워하지 않을까?

스타블링 나는 진심으로 그게 걱정이야.

보톰 다들 생각해봐, 등장시켜야 하는지 말아야 하는지를! 숙녀들 사이에서 사자는 정말로 끔찍해. 살아있는 사자보다 더 무서운 날짐승은 없어, 우린 그것을 기억해야 해.

스나우트 그래서 우린 실제 사자가 아니라는 것을 모든 사람들에게 말할 또 하나의 프롤로그가 필요해.

보톰 아니, 그냥 배우의 이름을 알리게, 그리고 사자 의상 밖으로 배우의 얼굴을 보여주고, 그 배우에게 자신을 소개하라고 하게. 배우는 다음과 같이 말해야 해, 또는 이것과 다른 말이라도 똑같은 취지로 해야 해—"숙녀 여러분," 또는 "아름다운 숙녀 여러분," "바라옵건대" 또는 "요청하옵건대," 또는 "간청하옵건대," "두려워 마세요, 그리고 두려워 떨지 마세요. 난 여러분의 목숨을 내 목숨만큼 소중히 여겨요. 만약 여러분이 내가 진짜 사자라고 생각했다면, 내 생명이 위태롭겠죠. 그러나 아니에요, 난 진짜 사자가 아니에요, 난 다른 사람과 똑같은 사람이에요." 그러고 나서 배우는 자신의 이름을 말해야만 해, 예를 들어, '저는 접합공인 스너그입니다'라고 사실대로 말하는 거야.

퀸스 그래, 그렇게 하는게 좋겠어.하지만 아직도 우리가 해결해야 할 일이 두 가지 더 있어. 어떻게 달빛을 방으로 가져올까? 여러분도 알듯이, 피라머스와 티스비는 달밤에 만나거든.

스나우트 우리가 연극하는 날 밤에 달이 뜰까?

보톰 달력이 필요해! 연감을 들여다봐. 달이 뜨는지. 달이 뜨는지를!

퀸스 (책 한 권을 꺼낸다) 응 그날 밤 달이 뜨는군.

보톰 그럼, 공연하는 날 큰 홀의 창문 중 하나를 열어놓게, 그러면 달빛이 창으로 비쳐들 테니까.

퀸스 그래도 되고, 아니면 누군가가 가시덤불과 초롱불을 들고 들어와서 자기가 달빛 역할을 대변하고 있다고 말하면 좋을 것 같은데. 왜냐면 달빛 아래 있는 사람은 막대기와 초롱불을 가지고 있기 때문이야. 그리고 또 한 가지 문제로는 큰 홀에 돌담을 가져오는 일이야. 이야기 진행 상황에 따라 피라머스와 티스비는 돌담 틈을 통해서 말을 해야 하거든.

스나우트 돌담은 아무리 생각해도 어려울 것 같아. 어떻게 생각하나, 보톰?

보톰 누군가가 돌담 역할을 하면 되지 뭐. 온몸에 회반죽이나 진흙, 석회 같은 것을 바르고 관객에게 돌담이라는 것을 보여주는 거야. 배우는 이렇게 손가락으로 브이자 형태를 만들고 피라머스와 티스비는 이 작은 틈으로 서로 속삭이면 되는 거지.

퀸스 그렇게만 된다면 만사형통이지. 자 다들 앉아서 자기 파트 연습하자—피라머스, 너부터 해봐. 대사를 마친 다음에는 저 덤불 속으로 들어가는 거야—다른 사람들도 자신의 역할을 하지 않을 땐 덤불 속에 있기로 하게.

퍽이 무대 위에 등장한다.
다른 인물들에게는 보이지 않는다.

퍽 (혼잣말로) 요정 여왕이 주무시는 근처에서 버릇없이 활보하는 이 시골뜨기들은 누구지? 뭐지? 연극을 하려는 참인가? 지켜봐야지. 그리고 필요하면 나 또한 연기를 해야겠어.

퀸스 피라머스, 대사를 하라고. —티스비, 앞으로 나와.

보톰 (피라머스 역) 티스비님, 아름다운 악취 나는 꽃들은—

퀸스 '악취', '악취'라고?

보톰 (피라머스 역)—악취와 향기는 당신의 호흡과 같아요, 나의 사랑 티스비. 그런데 저건 뭐야, 목소리! 여기서 잠시만 기다려 주세요. 금세 갔다 올게요!

보톰이 퇴장한다.

퍽 (혼잣말로) 이런 괴상야릇한 피라머스는 처음 봐!

퍽이 퇴장한다.

플루트 이젠 내가 말할 차례야?

퀸스 응, 네 차례야. 당신은 피라머스가 방금 들은 소음을 확인하고 바로 돌아온다는 사실을 보여줘야 해.

플루트 (티스비 역) 가장 찬란한 피라머스님, 백합같이 흰 살결, 화려한 장미 덤불 속의 빨간 장미 색깔처럼 생기 넘치는 젊은이, 그리고 사랑스런 유태인. 지칠 줄 모르는 말처럼 믿을만한 사람이죠. 난 당신, 피라머스를 니니의 무덤가에서 만날 거예요.

퀸스 그건 '니누스의 무덤'이야, 이 사람아. 아직 그 대사 전부를 말해서는 안 돼. 넌 피라머스에게 일부만 답변하는 걸로 되어 있잖아. 그걸 한꺼번에 다해버리면 어떻게 해.—피라머스, 들어와. 자 다시 한 번 시작하세. "지칠 줄 모르는" 하는 데서.

플루트 (티스비 역) 오! 지칠 줄 모르는 준마의 충성스러움을 간직한 당신.

퍽이 인간의 머리 대신
당나귀 머리를 쓴 보톰과 함께 들어온다.

보톰 (피라머스 역) 오 티스비님, 만약 내가 잘생겼다면, 난 여전히 당신만을 원할 거예요.

퀸스 도와줘요! 괴물이다! 귀신에 걸려든 것 같아요. 도망쳐요, 여러분! 도망쳐요!

퀸스, 플루트, 스너그, 스나우트, 그리고 스타블링이 퇴장한다.

퍽 내가 당신들을 따라갈게. 늪지, 덤불, 수풀, 그리고 가시를 넘어 당신들을 한 바퀴 돌게 해줄게. 때로는 말 모양을 하고, 때로는 사냥개나 돼지, 혹은 머리 없는 곰 모양을 하고 당신들을 인도할게. 때때로 난 불로 변할 거야! 여기저기서 말처럼 히이잉 울어대고, 사냥개처럼 컹컹 짖어대고, 돼지처럼 꿀꿀거리고, 곰처럼 으르렁대고, 불처럼 활활 타오를 거야.

퍽이 퇴장한다.

보톰 왜 모두들 도망치는 거지? 날 놀라게 하려는 심보일거야.

스나우트가 등장한다.

스나우트 여보게 보톰, 자넨 변했어! 자네 머리에 무슨 짓을 했나?

보톰 내 머리에 무슨 짓을 했다고 그래? 자넨 마치 당나귀처럼 행동을 하는데, 맞아?

스나우트가 퇴장한다.

퀸스가 들어온다.

퀸스 맙소사, 보톰, 맙소사! 자네 모습이 완전히 달라졌어. 다시 돌아와.

보톰 그놈들의 장난이 분명해. 나를 겁주기 위해 당나귀로 변신시켰음에 틀림없어. 그러나 그들이 무슨 짓을 해도 난 이곳을 떠나지 않을 거야. 난 이리저리 거닐면서 노래를 할 거야, 그러면 그들은 내가 겁먹지 않았다는 걸 알게 될 테지.

(노래한다)

황갈색 부리와
검은 깃털을 가진 지빠귀
청아한 목소리의 개똥지빠귀
가냘프게 짹짹거리는 굴뚝새 —

티타니아 (깨어나며) 나를 꽃 침대에서 깨우는 이 사람은 어떤 천사인가요?

보톰 (노래한다)

방울새, 참새, 그리고 종달새
쉬운 노래를 부르는 잿빛 뻐꾸기

그렇게 많은 사람들이 듣지만

그들은 듣지 않겠다고 감히 말하지 않아요—

보톰 물론 그들은 "싫어요"라고 말하지 않아! 누가 그런 바보 같은 새와 이야기하느라 시간을 낭비하겠어? 비록 새가 바람피우는 아내의 이야기를 남편에게 말한다 할지라도 누가 감히 새가 거짓말한다고 비난하겠어?

티타니아 다시 한 번 불러줘요, 사랑스런 인간이여! 난 당신의 노랫소리에 귀머거리가 되었고 당신의 외모에 장님이 되었어요. 당신을 처음 봤지만, 당신이 너무 멋져서 당신을 사랑한다고 맹세하지 않을 수 없어요.

보톰 당신이 날 사랑할 이유가 전혀 없는 것 같은데요. 그러나 정확히 말하면, 요즘 이성과 사랑은 거의 상관이 없지요. 친구들끼리 각자의 친구를 서로에게 소개하지 않는 것은 정말 유감이에요. 하, 하! 아니에요. 단지 농담이에요.

티타니아 당신은 멋진 만큼 지혜롭기도 하네요.

보톰 아니, 그렇지 않아요. 그러나 만일 내가 이 숲에서 도망칠 수 있을 만큼 충분히 똑똑하다면, 난 내 자신을 만족시킬 수 있을 만큼 충분히 지혜로울 거예요.

티타니아 이 숲에서 빠져나가겠다는 생각을 하지 마세요, 왜냐면 당신은 원하든 원하지 않든 여기에 있어야만 하니까요. 난 평범한 요정이 아니에요. 난 여름을 지배하고, 그리고 당신을 사랑해요. 그러니 저와 함께 가시죠. 요정을 당신의 하인으로 줄 거예요, 요정들은 당신에게 바다 깊은 곳에서 보석을 가져다줄 것이고, 꽃 침대에서 잠들어 있는 동안 노래를 불러줄 거예요. 그리고 난 당신을 우리와 같은 정령으로 만들어줄 거예요, 그러면 인간은 죽지만, 당신은 죽지 않을 거예요. ―이리 오너라, 완두콩 꽃아, 거미집아, 부나비야, 겨자씨야!

네 명의 요정들―완두콩 꽃, 거미집, 부나비, 그리고 겨자씨가 들어온다.

완두콩 꽃 여기, 왔습니다.

거미집 저도요.

부나비 저도요.

겨자씨 저도요.

일동 어디로 갈까요?

티타니아 이 신사분을 친절하고 공손하게 모셔라. 이분을 따라다녀라. 이분을 위해 깡충깡충 뛰고 춤을 추어라. 살구, 블랙베리, 자색 포도, 녹색 무화과, 오디를 잡숫게 하여라. 호박벌의 꿀을 따다 드리고 밀랍으로 초를 만들어라. 개똥벌레 눈으로 촛불을 밝혀라, 그가 잠자리에 들고 깨어날 때 내 사랑이 빛을 가질 수 있도록. 다채로운 나비 날개를 떼어내어 그가 주무실 때 눈에 비쳐드는 달빛을 그것들로 막아라. 그에게 인사해라, 요정들아, 예의를 갖추어라.

완두콩 꽃 인사드립니다, 인간님께!

거미집 인사드립니다!

부나비 인사드립니다!

겨자씨 인사드립니다!

보톰 죄송합니다, 선생님들—성함을 말씀해 주시겠어요, 선생님?

거미집 거미집입니다.

보톰 거미집 씨, 당신에 대해 좀 더 알고 싶어요. 만약에 손가락을 베인다면, 난 피를 멈추게 하기 위해 붕대로 당신을 사용할 것이요. —그리고 당신의 이름은, 선생님?

완두콩 꽃 완두콩 꽃입니다.

보톰 당신의 어머니, 완두 아주머니와 당신의 아버지, 완두 아저씨께 안부 전해 주세요, 완두콩 꽃 씨, 난 당신에 대해서도 좀 더 알고 싶군요. —그다음 당신, 당신의 이름을 물어봐도 되겠소, 선생님?

겨자씨 겨자씨입니다.

보톰 존경하는 겨자씨 씨, 난 당신을 잘 알아요. 겁 많고 거대한 쇠고기 집단들은 양념으로 당신 가족들을 깡그리 먹어대지요. 단언하건데, 이전에 당신 가족들은 나를 눈물 나게 했어요. 난 당신을 좀 더 알기를 원해요, 겨자씨 씨.

티타니아 자, 이분을 잘 받들어라. 내 잠자리로 모셔라. 달님이 슬퍼 보이는구나. 달님이 울면, 온갖 작은 꽃들도 운다. 누군가가 사랑을 나눌 때 방해를 받거나—또는 누군가가 자신의 의지와는 상관없는 사랑을 나눌 때 꽃들은 슬퍼한다. 내 애인을 조용히 시켜. 내게 모시고 와라.

모두가 퇴장한다.

2장

숲속, 이끼 낀 경사지

요정나라 왕인 오베론이 등장한다.

오베론 지금쯤 티타니아가 깨어났겠지. 그녀가 처음에 무엇을 보았을까 궁금하군. 그것이 어떤 것이라도, 그녀는 지금 사랑에 홀딱 빠져있을 거야.

펵이 등장한다.

오베론 아, 여기 내 심부름꾼이 돌아오는군. ─무슨 일이야, 촐싹쟁이야? 이 숲속에서 무슨 혼란스런 일이라도 겪은 거냐?

퍽 티타니아 여왕님이 괴물과 사랑에 빠졌어요. 그녀가 꽃 침대에서 자고 있는 동안, 아테네의 거친 노동자 바보들이 테세우스 공작의 결혼식 날에 공연할 연극을 연습하기 위해 근처에 모였어요. 피라머스 역을 맡은 가장 미련한 녀석이 자신의 장면을 마치고 덤불 속에 앉아 다음 큐를 기다리고 있었어요. 저는 그

틈을 타서 그 녀석한테 당나귀 머리를 씌워주었어요. 티스비와의 대화 장면이 되었을 때, 그는 숲에서 나왔고 모든 사람들은 그를 보았어요. 그의 친구들은 사냥꾼의 총소리를 듣고 달아나는 오리처럼 재빨리 도망쳤어요. 그들 중 한 명은 내 발소리를 듣고 너무 놀라서 "살인이야!"라고 소리치고는 아테네의 도움을 요청했어요. 그들은 모두 너무 무서운 나머지 완전히 상식을 잃었어요. 그들은 옷을 붙잡고 소매와 모자를 당기기도 하고 찔레 가시에 질겁하며 무생물들을 두려워하기 시작했어요. 저는 그들을 이렇게 겁에 질린 산만한 상태로 만들어 놓고, 달콤한 마음으로 떠나왔어요. 그곳에 있던 피라머스는 당나귀의 머리를 가진 사람으로 변했어요. 바로 그 순간에, 티타니아님이 깨어나셨고 곧바로 그와 사랑에 빠진 거예요.

오베론 이건 내 계획보다 훨씬 잘 진행되고 있구나. 그나저나 넌 그 아테네 청년의 눈에 사랑의 꽃 즙을 발랐느냐?

퍽 네, 잠들어 있는 그를 찾아서 책임을 완수했어요—그리고 그 청년 옆에는 잠들어 있는 아테네 여인이 있어서 그가 잠을 깨면, 그녀를 볼 수밖에 없을 겁니다.

드미트리우스와 허미아가 들어온다.

오베론 (퍽만 들을 수 있을 정도로) 조금만 비켜서. 여기 그 아테네 청년이 오고 있어.

퍽 (오베론만 들을 수 있도록) 여잔 분명히 제가 본 사람인데, 남자는 아니에요.

드미트리우스 당신은 왜 사랑하는 남자에게 그렇게 무례한 거요? 그런 거친 말은 원수를 위해 아껴 두시오.

허미아 지금은 단지 당신을 질책하지만, 더 가혹하게 대접할지도 몰라요, 당신을 비난할 정당한 이유를 나에게 주셨으니. 잠자는 라이샌더를 당신이 죽였다면, 당신은 이미 발목까지 피로 물들인 셈이죠. 라이샌더는 태양이 낮 동안에 충실한 것보다 더 나에게 충실해요. 그런 그가 잠들어 있는 나를 버리고 달아났을까요? 차라리 대지 한복판에 구멍이 뚫리고 달이 지구의 반대편으로 완전히 넘어갔다면 믿겠어요. 유일한 가능성은 당신이 그를 살해했다는 거예요. 살인자는 창백하고 음산한 당신의 모습과 똑같거든요.

드미트리우스 그건 바로 살해된 사람의 모습이지, 지금의 나처럼 말이오. 당신은 잔인함으로 내 심장을 꿰뚫었어요. 하지만 살인자인 당신은 하늘의 별처럼 밝고 영롱해 보이는군요.

허미아 그게 라이샌더와 무슨 상관이죠? 그분은 어디 계세요? 오, 훌륭한 드미트리우스, 나를 위해 라이샌더를 찾아줄 거죠?

드미트리우스 차라리 그의 시체를 내 개들에게 먹이라고 해요.

허미아 꺼져, 이 개자식! 날 미치게 만드는군. 그럼, 당신이 라이샌더를 죽였단 말이에요? 지금부터 난 당신을 인간으로 취급하지 않을 거예요. 오, 한 번만 진실을 말해줘요, 나를 위해서—진실을 말해보란 말이에요. 그가 깨어있었다면 당신이 감히 그를 쳐다볼 수 있었을까요? 그가 자고 있는 동안 죽였나요? 오, 당신은 정말 용감하군요! 뱀이라면 당신만큼 쉽게 할 수 있지요. 뱀이 라이샌더를 죽였다고 칩시다. 하지만 여러 갈래의 혀로 거짓말하는 당신이 어떤 뱀보다도 더 잔인해요.

드미트리우스 당신은 오해로 당치도 않는 흥분을 하고 있어요. 난 라이샌더를 죽이지 않았어요. 내가 아는 한, 그는 죽지 않았어요.

허미아 그렇다면 제발 그가 무사하다고 말해 봐요.

드미트리우스 그렇게 말한다면, 내가 뭘 얻을 수 있지요?

허미아 다시는 결코 나를 볼 수 없는 특권. 난 지겨운 당신을 떠날 테니까요. 그가 죽었든 살았든 다시는 날 보지 못할 거예요.

허미아가 퇴장한다.

드미트리우스 저렇게 분노에 차 있을 땐 쫓아가지 않는 게 좋아. 그러니 난 여기서 잠깐 쉬어야겠어. 충분히 잠을 자지 못하면 슬픔은 더욱 심해져. 여기서 좀 자야겠다. (드미트리우스는 누워 잠이 든다)

오베론 (퍽에게) 도대체 어떻게 한 거냐? 넌 큰 실수를 저질렀어. 넌 사랑의 꽃 즙을 진정으로 사랑에 빠진 다른 사람의 눈에 떨어뜨렸어. 너의 실수 때문에 누군가의 진실된 사랑이 미움으로 변했음에 틀림없어, 대신에 한 남자의 그릇된 사랑이 진실된 사랑으로 변했겠지.

퍽 그렇다면 그것은 운명임에 틀림없어요. 그게 바로 세상의 이치예요. 많은 사람들은 진정한 사랑에 충실한 사람들을 뒤로 하고 결국 다른 연인을 쫓아가는 거죠.

오베론 바람보다도 빨리 움직여서, 숲속을 샅샅이 뒤져라. 그리고 이번엔 틀림없이 아테네의 여인 헬레나를 찾아라. —그녀는 상사병에 걸려있고 얼굴은 한숨 때문에 창백해졌지. 한숨은 피를 말리는 것이니까. 속임수 또는 착각을 일으켜서라도 그녀를 데리고 와라, 헬레나가 오면 그의 눈에 마력을 발라줄 거다.

퍽 가요, 가요, 간다니까요. —타르타르 활의 화살보다 더 빨리 가는 저를 보시라구요.

퍽이 퇴장한다.

오베론 (드미트리우스의 눈꺼풀에 꽃 즙을 올리며) 큐피드의 화살에 맞은 당신의 자주색 꽃이 이 남자의 눈동자 속에 가라앉아 있구려. 이 남자가 사랑해야 할 처녀를 만나거든, 그녀를 밤의 별처럼 밝게 비추어 그가 볼 수 있도록 해줘요. 젊은이, 당신이 깨어났을 때, 만약 그녀가 가까이에 있다면, 그녀에게 당신의 상사병을 치료해 달라고 애걸하시오.

퍽이 등장한다.

퍽 헬레나가 근처에 있어요, 요정의 나라 대왕님. 제가 잘못 알았던 젊은이도 그곳에 있어요, 그녀에게 사랑을 구걸하면서. 그들의 어릿광대짓을 구경할까요? 대왕님, 인간들은 어찌 그리도 어리석은지요!

오베론 저리 물러나거라. 떠들면 드미트리우스가 잠을 깰 것이다.

퍽 그럼 두 사람이 한 여자에게 사랑을 구하게 되겠네요. 이것이야말로 충분한 재밋거리가 되겠는데요. 어처구니없는 상황을 보는 것은 내가 가장 좋아하는 일이에요.

라이샌더와 헬레나가 등장한다.

라이샌더 왜 당신은 나의 사랑을 조롱으로만 생각합니까? 사람들은 누군가를 조롱할 때 울지 않아요. 보세요, 내가 당신을 사랑한다고 맹세할 때, 난 울어요. 그리고 누군가가 울면서 약속을 하는 것은 대개 진실을 말하는 거예요. 내 눈물이 내가 진실하다는 것을 증명해 주는데 어떻게 내가 당신을 놀릴 수 있겠어요?

헬레나 당신은 점점 더 교묘해지는군요. 당신은 나와 허미아에게 똑같은 약속을 했어요.—두 약속이 모두 진실일수 있을까요! 둘 다 거짓임에 틀림없어요. 당신이 나에게 한 약속은 허미아의 것이겠지요. 당신은 허미아를 버릴 건가요? 만약 당신이 나에게 한 약속과 허미아에게 한 약속을 무게로 잰다면, 똑같을 겁니다.—둘 다 무게가 없겠죠. 거짓이니까요.

라이샌더 그녀에게 맹세했을 때는 분별력이 없었소.

헬레나 허미아와 약속을 깨는 지금 이 순간도 당신은 분별력이 없어요.

라이샌더 드미트리우스는 허미아를 사랑하고 있어요. 그는 당신을 사랑하지 않아요.

드미트리우스 (잠에서 깨어나며) 오 헬레나, 여신님, 신성하고 완벽한 요정님! 그대의 두 눈을 무엇에 비할까요? 수정처럼 투명한 빛을 발하고 있군요! 산꼭대기에 쌓인 흰 눈도 당신의 하얀 손 옆에서는 까마귀의 날개처럼 검게 보일 거예요. 오, 당신의 아름다운 손에 키스하도록 허락해 줘요. 내가 정말로 행복할 수 있도록!

헬레나 젠장! 당신들은 나를 웃음거리 삼아 괴롭히기로 작정한 것 같군요. 만약 당신들이 조금이나마 매너가 있다면, 이렇게 나를 대하진 않을 거예요. 당신이 나에게 하던 대로, 그냥 나를 몹시 싫어할 수 없나요? 둘이 함께 이렇게 나를 모욕해야만 합니까? 겉으로 드러나는 것처럼, 당신들이 진정한 남자라면, 숙녀를 이렇게 대하진 않을 거예요. 당신 둘이 정말로 나를 역겨워한다는 것을 내가 아는데도 맹세와 약속을 하고 나의 아름다움을 칭찬하면서 말이죠.

당신들은 허미아의 사랑을 위해 경쟁하고, 그리고 지금은 누가 더 나를 조롱할 수 있는지 경쟁하고 있어요. 그건 좋은 생각이에요, 가련한 여자를 놀리는 것은—정말로 남자다운 일이지! 존경받을 만한 사람은 단지 재미를 위해 순수한 처녀를 불쾌하게 하지는 않아요.

라이샌더 잔인하게 굴지 말게, 드미트리우스. 난 네가 허미아를 사랑하고 있다는 것을 알고 있어. 그리고 내가 알고 있다는 걸 너도 알고 있어. 바로 지금 여기서, 난 그녀에 대한 모든 권리를 포기하고 자네에게 양도할 것을 맹세하겠네. 대신에, 헬레나를 사랑한다는 자네의 주장을 포기하게, 내가 헬레나를 사랑하고 그리고 죽을 때까지 사랑할 테니까.

헬레나 누군가를 조롱하기 위해 그렇게까지 심혈을 기울이는 사람은 아무도 없어요.

드미트리우스 라이샌더, 자네의 허미아를 지키게. 난 그녀를 원하지 않아. 만약 이전에 그녀를 사랑했다 하더라도, 그 모든 사랑은 이제는 사라졌네. 그녀에 대한 나의 사랑은 일시적이었어. 이제 난 영원히 헬레나를 사랑할 것이네.

라이샌더 헬레나, 이건 사실이 아니에요.

드미트리우스 알지도 못하면서 나의 깊은 사랑을 모욕하지 말게, 그렇지 않으면 반드시 대가를 치르게 될 걸세. 봐, 여기 자네가 사랑하는 여인이 오고 있네.

허미아가 등장한다.

허미아 어두운 밤에는 정확히 보기가 어려운 대신 청력은 훨씬 예민해지죠. 라이샌더, 당신을 볼 수는 없었지만, 당신의 목소리로 찾은 거예요. 왜 당신은 매정하게 날 버리고 떠난 건가요?

라이샌더 사랑이 떠나라고 하는데 왜 머물러야 하지?

허미아 도대체 어떤 사랑이 나의 라이샌더를 떠나도록 할 수 있단 말입니까?

라이샌더 난 빛나는 별들보다도 더욱 밤을 밝게 비추는, 아름다운 헬레나, 나의 사랑에게 서둘러 가야만 하오. 왜 당신은 나를 찾는 거요? 당신이 싫어서 내가 떠난 것을 모른단 말입니까?

허미아 마음에 없는 말일랑 하지 마세요. 그건 불가능한 일이니.

헬레나 세상에, 허미아도 한통속이었어! 이제야 이들 셋이 이 잔인한 조롱으로 날 괴롭히려고 음모를 꾸몄다는 것을 알겠어. 이 못된 허미아, 배은망덕한 것아, 이 끔찍한 괴롭힘으로 나의 화를 돋우기 위해 이 두 사람과 음모를 꾸민 거야? 우리가 함께 나눈 모든 대화, 서로에게 자매가 되어주기로 했던 맹세, 함께 보낸 모든 시간을 잊은 거야, 결코 헤어지지 말자던 소망을—넌 잊은 거니? 학창시절, 순수한 어린 시절의 우정을? 우린 같은 방석에 앉아서, 두 개의 바늘로 하나의 천 위에 꽃을 수놓으며, 마치 우리의 손, 옆구리, 목소리, 그리고 마음이 딱 달라붙어 있는 것처럼, 한 곡의 노래를 같은 음조로 부르곤 했었어. 우린 쌍둥이 앵두처럼 함께 자랐어. —분리되어 있는 것처럼 보였지만 하나인—한 줄기에 붙어있는 두 개의 사랑스런 앵두처럼. 우린 분리된 두 개의 몸을 가진 것처럼 보였지만, 하나의 심장을 가지고 있었어. 넌 이 두 남자들과 합세하여 가엾은 친구를 모욕함으로써 우리의 오랜 우정을 깨기를 원하는 거니? 그건 우정도 아니고, 여자답지도 않은 행동이야. 상처는 나만 받겠지만, 모든 여자들이 너에게 화를 낼 거야.

허미아 완전히 어이없어. 난 너를 모욕한 적이 없어. 네가 날 모욕하는 것처럼 들린다.

헬레나 어서, 고백해. 넌 내 눈과 얼굴을 칭찬하고, 나를 따라다니며 모욕을 주도록 라이샌더를 보냈잖아? 넌 또 하나의 사랑, 얼마 전 나를 발로 걷어찬—나를 여신, 그리고 성스러운, 귀한, 소중한, 천상의 창조물로 부르던—드미트리우스를 얻었잖아? 그렇지 않다면 왜 그가 싫어하는 여자한테 이런 사탕발림을 하겠어? 널 진정으로 사랑하는 라이샌더가 왜 너를 사랑한다는 사실을 부인하겠어? 네가 그에게 말하지 않았다면 왜 그가 나에게 애정을 보여주느냐 말이야? 왜 내가 너만큼 운이 좋거나 사랑스럽지 않은 게, 그리고 내가 느끼는 사랑이 짝사랑이라는 게 문제가 되는 거니? 이런 이유로 넌 나를 미워하기보다는 오히려 동정을 해야지.

허미아 난 네가 무슨 말을 하는지 도통 모르겠다.

헬레나 오, 그래. 좋아, 마음대로 해, 내 앞에선 안타까운척하면서,

너희들의 작은 게임을 계속해봐, 그러나 내가 돌아서면 서로 쿡쿡 찌르며 윙크하면서 나에게 얼굴을 찌푸리겠지. 너희들의 멋진 게임 계속해봐. 너희들이 나를 속이는 이 연극을 잘 수행하면, 누군가가 이 이야기를 쓸 거야. 만약 너희들이 동정심이나 매너가 있다면, 이렇게 나를 두고 싸우는 척 하지는 않을 거야. 하지만, 잘 있어. 여기까지 너를 따라온 내 잘못도 있으니까. 떠나거나—또는 죽는다면 모든 것이 해결되겠지.

라이샌더 잠깐만, 사랑스런 헬레나. 내 변명 좀 들어봐요. 내 사랑, 내 생명, 내 영혼, 아름다운 헬레나!

헬레나 참 말도 잘 하시는군!

허미아 (라이샌더에게) 헬레나를 그렇게 놀리지 마, 자기야.

드미트리우스 (라이샌더에게) 허미아가 간청해서 안 되면, 내가 너의 입을 다물게 할 수밖에.

라이샌더 허미아의 간청도 안 되지만 자네의 간청은 더욱 더 어림없네. 자네의 협박은 허미아가 칭얼대는 것보다 효력이 없어.—헬레나, 당신을 사랑하오. 사랑을 맹세하오. 내 당신을 위해서라면 목숨이라도 걸겠소, 내가 당신을 사랑하지 않는다고 말하는 드미트리우스가 틀렸다는 것을 증명해 보이기 위해서라도.

드미트리우스 라이샌더가 당신을 사랑하는 것보다 훨씬 더 당신을 사랑하오.

라이샌더 자네 말이 사실이라면, 나와 결투해서 증명해 보게.

드미트리우스 좋아. 그렇게 하세.

허미아 라이샌더, 이 상태로 어디 가는 거야?

(허미아는 라이샌더를 뒤에서 붙잡는다)

라이샌더 (허미아에게) 꺼져버려, 이 깜둥이야!

드미트리우스 (허미아에게) 안 돼, 안 돼. 그는 당신에게서 도망칠 것처럼 행동하잖아, 허미아.

(라이샌더에게) 나를 따라갈 것처럼 하고는, 따라오지 말게. 넌 겁쟁이야, 여기서 꺼져.

라이샌더 (허미아에게) 나 좀 그만 괴롭혀, 이 고양이야, 이 가시야. 나를 놔줘, 그렇지 않으면 뱀을 돌리듯이 패대기칠 거야.

허미아 왜 이렇게 무례하게 구는 거야? 무슨 일 있어, 자기야?

라이샌더 자기야? 꺼져버려, 시커먼 집시! 꺼지라고, 끔찍한 독약 같은 것. 어서 꺼져버려!

허미아 농담해?

헬레나 물론 농담이지, 너 역시 마찬가지고.

라이샌더 드미트리우스, 약속대로 난 싸울 준비가 되었네.

드미트리우스 난 우리 둘이 (법적 계약서에 서명이라도) 했으면 하네. 난 네가 약속을 잘 지키지 않는다는 것을 알거든. 난 널 믿을 수가 없어.

라이샌더 뭐라고? 내가 허미아를 때리고, 상처내고, 죽이기를 원하는 거야? 물론, 그녀를 싫어하지만, 다치게 할 수는 없어.

허미아 (라이샌더에게) 날 싫어한다는 말보다 더 큰 상처가 어디 있어? 날 싫어해? 왜? 무슨 일이 있는 거야, 내 사랑? 내가 허미아가 아닌가요? 당신은 라이샌더가 아닌가요? 조금 전에 그랬던 것처럼 난 지금도 아름다워요. 우리가 잠들 때까지만 해도 당신은 날 사랑했어, 그러나 깨어나 보니 당신은 날 떠났어. 그렇게 당신은 날 떠난 거야—오, 하느님 도와주세요!—진심이야?

라이샌더 분명히 진심이야. 그리고 다시는 널 보고 싶지 않아. 그러니 내가 무슨 말을 하더라도 희망을 갖지 말고 궁금해하지도 마. 분명히 너에게 설명했어. 농담이 아니야. 난 널 싫어하고 헬레나를 사랑해.

허미아 오, 아니야! (헬레나에게) 이 사기꾼, 벌레! 도둑! 밤새 슬그머니 와서 내 남자의 마음을 훔쳐가?

헬레나 참 잘도 지어내는군! 부끄러운 줄 알아야지! 너한테 욕지거리를 하도록 날 화나게 할 거니? 이 망할 것, 사기꾼, 꼭두각시 인형아!

허미아 "꼭두각시 인형"? 왜 "꼭두각시 인형"?—아, 어떤 의미인지 알겠어. 우리의 키를 비교하고 있는 거구나, 자신의 큰 키를 뽐내기 위해 라이샌더 앞에서 으스대며 걸었을 거야. 아마도 키로 그 사람의 마음을 빼앗은 거야. —내가 키가 작기 때문에 라이샌더는 키 큰 너를 그렇게 높이 평가하는 거 아니겠어? 이젠 됐어? 그렇다면 내가 얼마나 작은 거야? 넌 이발소 간판대에 페인트라도 칠할 수 있을 만큼 크니? 말해봐. 내가 얼마나 작은 거니? 아무리 작다 해도 내 손톱으로 네 눈을 쑤실 수는 있어.

헬레나 (라이샌더와 드미트리우스에게) 제발 허미아가 나에게 상처를 내지 못하게 해주세요, 신사 양반들. 도대체 당신들은 나를 얼마나 더 조롱하기를 원하는 겁니까? 난 결코 당신들의 모욕을 참을 수가 없거든. 난 허미아처럼 비열하거나 심술궂지 않아.

난 다정하고 수줍은 여자야. 허미아가 작기 때문에 내가 그녀를 충분히 상대할 수 있을 거라 생각할지 모르지만 허미아가 절 때리지 못하게 해줘요.

허미아 "키가 작다고!" 맛 좀 봐라, 헬레나의 눈을 쑤시려고 달려든다!

헬레나 착한 허미아, 제발 나한테 그렇게 심하게 굴지 마. 난 널 언제나 좋아했어, 허미아, 그리고 충고도 해주었어. 난 결코 너를 다치게 할만한 어떤 일도 한 적이 없어—네가 이 숲으로 도망갈 계획이라고 드미트리우스에게 말한 것을 제외하고. 그것도 오직 드미트리우스를 내가 사랑했기 때문에 그렇게 한 거야. 그는 너를 쫓아왔어. 그리고 난 그를 사랑하기 때문에 그 사람을 쫓아온 거야. 하지만 그는 나에게 길을 잃게 했고 나를 때리겠다고 협박했으며, 발로 차고—심지어는 죽이겠다고까지 했어. 이제 조용히 아테네로 돌아갈 수 있도록 해줘. 내 실수도 가지고 아테네로 돌아갈 거야, 더 이상 널 따라가지 않을 거야. 가게 해줘. 내가 얼마나 순진하고 어리석었는지 너도 알잖아.

허미아 그래, 그렇다면 여기서 썩 꺼져. 너를 막는 게 뭐야?

헬레나 내 바보 같은 마음, 그걸 여기에 남기고 갈게.

허미아 뭐라고, 라이샌더에게 그 마음을 남기고 떠난다고?

헬레나 아니, 드미트리우스에게.

라이샌더 두려워하지 말아요. 헬레나, 허미아는 당신을 해치지 못하오.

드미트리우스 (라이샌더에게) 맞아, 자네가 이렇게 막고 나서는데 허미아가 어찌 헬레나를 해칠 수 있겠어.

헬레나 당신이 그녀를 화나게 하면, 허미아는 능숙한 싸움장이가 되고, 또한 잔인하게 변해. 그녀는 학창시절에 심술쟁이였어. 그녀는 작지만 사나워.

허미아 "키가 작은", 또? 이 말밖에 모르나봐. —당신은 왜 저 애가 이렇게 날 모욕하도록 내버려 두는 거야? 저 애를 보게 해줘!

라이샌더 (허미아에게) 턱도 없는 소리, 난쟁이, 형편없이 작은 잡초, 말썽쟁이, 도토리 같으니!

드미트리우스 너와 어떤 관계도 원하지 않는 여인을 보호하기 위해 지나치게 애쓰는군. 허미아를 내버려 둬. 헬레나에 대해서 말하지 마. 헬레나 편도 들지 마. 만약 계속해서 허미아를 그렇게 심하게 대한다면, 자넨 대가를 치르게 될 거야.

라이샌더 허미아는 더 이상 날 붙잡지 않을 거야. 용기가 있거든 따라와. 헬레나를 두고 한판 붙어보세.

드미트리우스 "따라오라고"? 아니, 바로 네 옆에서 너와 나란히 걸어갈 테다.

드미트리우스와 라이샌더가 퇴장한다.

허미아 이 모든 분란은 다 너 때문이야. 달아나지 말고 거기서.

헬레나 난 더 이상 이곳에 있지 않을 거야. 널 못 믿어. 네가 나보다 싸움을 더 잘할 수 있을지도 모르지만, 내 다리는 너보다 더 길어서 빨리 도망갈 수 있어.

헬레나가 퇴장한다.

허미아 이 상황이 도무지 믿기지가 않아. 무슨 말을 해야 할지 모르겠군.

허미아가 퇴장한다.

오베론 (퍽에게) 이 모든 게 다 네 잘못이다. 넌 끊임없이 실수를 저지르거나 또는 일부러 짓궂은 장난을 치니 말이다.

퍽 믿어주세요, 요정나라의 왕이시여, 이건 실수였어요. 왕께서는 입고 있는 아테네 복장으로 그 남자를 알아볼 수 있다고 말씀하셨잖아요? 지금까지 전 제가 해야 할 일을 정확히 했습니다.—전 아테네인의 눈에 사랑의 미약을 발랐어요. 그래서 지금까지 밝혀진 일에 만족합니다, 왜냐면 전 이러한 모든 소동이 매우 흥미로우니까요.

오베론 좀 전에 본 것처럼, 이 연인들은 결투 장소를 찾고 있다. 그러니 퍽, 속히 가서 어둡고 흐린 밤의 장막을 쳐라. 하늘을 지옥처럼 어둡고 캄캄한 안개로 뒤덮고, 이 극성스런 경쟁자들을 숲속에서 완전히 길을 잃게 하여 그들이 서로 마주치지 못하도록 해라. 라이샌더의 목소리를 흉내 내어 모욕감으로 드미트리우스의 화를 부추겨라. 그러고 나서 잠시 후 드미트리우스의 목소리로 라이샌더의 화를 부추기란 말이다. 그렇게 두 사람을 이리저리 서로를 쫓도록 하면 그들은 지쳐서 죽은 사람처럼 잠들 거야. (오베론이 새로운 꽃 즙을 퍽에게 준다) 그들이 잠들어 있을 때, 라이샌더의 눈에 이 사랑의 꽃 즙을 떨어뜨려라. 이 꽃 즙은 그의 눈에 가해진 모든 손상을 지우는 힘이 있어서, 예전에 그랬던 것처럼, 그가 정상적으로 보게 할 수 있을 것이다. 그들이 깨어나면 이 모든 문제와 갈등은 꿈이나 의미 없는 환상으로 여기게 될 것이다. 그러면 연인들은 아테네로 돌아가, 죽을 때까지 함께 할 것이다. 네가 그 일로 바쁠 동안, 난 티타니아 여왕께 가서 그 인도의 소년을 다시 한 번 달라고 해야겠다. 그런 다음 그녀에게 던진 마술을 풀어주면, 티타니아는 더 이상 괴물과 사랑에 빠지지 않을 것이고 모든 것이 다시 평화로워질 것이다.

퍽 이 일을 서둘러야 해요. 요정나라의 대왕님. 밤은 빠르게 지나가고, 멀리서 새벽을 알리면서, 아침별이 빛나고 있어요. 밤새도록 돌아다니던 귀신들도 묘지로 돌아가고 있어요. 신성한 땅에 묻히지 않고 도로 옆이나 강바닥에 썩어 가며 누워있던 사람들의 영혼은 이미 구더기가 뒤끓는 제 침소로 돌아갔답니다. 그들은 자살을 했기 때문에 진짜 무덤에 묻히지 못한 거죠. 자신들의 수치심이 햇빛에 비치는 것을 원하지 않아서 언제나 햇빛을 피하고 밤의 어둠속에서 영원히 머문답니다.

오베론 그러나 우린 다르다. 다른 종류의 정령이야. 우린 햇빛으로부터 도망칠 필요가 없다. 난 아침을 좋아한다. 나는 태양이 바다 위의 불타는 하늘에서 떠오르고, 짜고 푸른빛 바닷물이 금으로 바뀔 때까지 종종 감시원처럼 숲속을 거닌단다. 하지만 넌 어쨌든 서둘러야 한다. 지체하지 마라. 해뜨기 전에 이 모든 일을 끝내야 하느니라.

오베론이 퇴장한다.

퍽 이리저리. 이리저리
난 그들을 이리저리 끌고 다닐 거야.
시골과 도회지에 사는 사람들은 나를 두려워해
고블린, 그들을 이리저리 끌고 다녀
이제 그들 중 한 명이 온다.

라이샌더가 등장한다.

라이샌더 어디 있니, 건방진 놈, 드미트리우스? 아무 말이라도 좀 해봐.

퍽 (드미트리우스의 목소리로) 여기 있다, 악당아! 칼을 빼어 들고 싸울 준비를 하고 있다. 넌 어디 있니?

라이샌더 가고 있어.

퍽 (드미트리우스의 목소리로) 쉽게 싸울 수 있는 평지로 따라와.

라이샌더가 퇴장한다.

드미트리우스가 등장한다.

드미트리우스 라이샌더, 뭐라고 말해봐! 이 겁쟁이야, 도망친 거야? 무슨 말 좀 해봐! 덤불 속에 숨었니? 대체 어디에 숨어있는 거니?

퍽 (라이샌더의 목소리로) 이 겁쟁이야, 넌 싸우겠다고 별에게 자랑하고 덤불에게 말하는구나, 그렇다면 이리 나와서 싸우지 그래? 어서 나와, 겁쟁이야! 어서 나와, 이 애송이야! 내가 진정한 남자와 싸우듯이 칼을 가지고 너와 싸우는 것은 부끄러운 일이야.

드미트리우스 거기 있는 거냐?

퍽 (라이샌더의 목소리로) 내 목소리만 따라와. 이곳은 결투할 좋은 장소가 아니야.

그들은 퇴장한다.

라이샌더 들어온다.

라이샌더 이놈이 나보다 앞질러 가면서, 내가 따라가도록 부추긴다 말이야. 따라오라고 소리친 곳으로 가면, 벌써 사라지고. 이 악당이 나보다 빠른 것이 분명해. 내가 빨리 뒤쫓아갔지만, 그는 더 빨리 도망쳤어, 그래서 지금 난 어두운 숲속 고르지 않은 땅에 있는 거야. 여기서 좀 쉬어야겠어. (그는 드러눕는다) 유쾌한 낮이 다시 오기를! 이른 아침의 회색빛이 비치기만 하면 드미트리우스를 찾아 이 모욕감에 대한 복수를 하고야 말겠어.

라이샌더는 눕자마자 잠에 빠진다.

퍽과 드미트리우스가 등장한다.

퍽 (라이샌더의 목소리로) 하, 하, 하! 이봐, 겁쟁이야, 왜 쫓아오지 않지?

드미트리우스 기다려, 두렵지 않거든! 난 네가 끝없이 장소를 바꾸면서 도망치는 이유를 알아—넌 꼼짝 않고 서서 날 기다리는 것이 두려운 거야. 넌 내 눈을 똑바로 쳐다보기가 두려운 거야. 지금 어디 있는 거지?

퍽 (라이샌더의 목소리로) 이리 와라. 난 여기 있다.

드미트리우스 아니. 넌 그냥 날 놀리는 거야. 날이 밝아 너를 보게 되면, 반드시 대가를 치르게 할 거야. 네가 원하는 곳 어디든지 가라. 난 지쳤어; 이 차가운 땅에 누워서 자야겠다. 하지만 조심해. 새벽에 너를 찾을 거니까. (드미트리우스는 누워서 잠이 든다)

헬레나가 등장한다.

헬레나 아, 얼마나 길고, 지루하고, 피곤한 밤인가! 빨리 아침이 왔으면! 날이 밝아 그렇게도 나를 싫어하는 자들로부터 벗어나 아테네로 돌아갈 수 있으면 좋겠는데. 자는 동안 잠시라도 내 고통을 잊었으면 좋겠어. 사람들은 잠을 잘 때 때때로 시름을 잊을 수 있는데. (헬레나가 누워 잠이 든다)

퍽 아직도 세 사람뿐인가? 한 명만 더 기다리면 되는군. 남자 둘, 여자 둘이면 넷이 되지. 아, 여기 슬프고 화난 그녀가 온다. 큐피드는 불쌍한 여인들을 이렇게 미치게 만드는 나쁜 소년이야.

허미아가 등장한다.

허미아 지금까지 이렇게 지치거나 화가 난 적이 없었어. 이슬에 흠뻑 젖고 가시에 찢겨서 더 이상 기어갈 수조차 없어. 계속 갈 수가 없어. 설 수조차도 없어. 아침이 될 때까지 여기서 자야겠어. 만약 결투가 벌어진다면, 라이샌더가 안전하기를! (허미아가 누워 잠이 든다)

퍽 땅바닥에서나마 잘 자요. 난 당신의 눈에 이 약을 떨어뜨림으로써, 상냥한 그대, 당신을 치료해줄 거예요. (퍽은 꽃 즙을 라이샌더의 눈꺼풀 위에 떨어뜨린다) 잠에서 깨어나면 당신은 한때 사랑했던 여인을 보고 정말로 기뻐할 거예요. 깨어나면, 당신은 "짚신도 짝이 있다 그리고 모든 것이 형통할 것이다."라는 잘 알려진 속담을 증명해주는 살아있는 예가 될 거예요.

퍽이 퇴장한다.

제4막

어떻게 된 일인지는 모르지만, 허미아에 대한 제 사랑이 눈 녹듯 녹아버렸어요. 허미아에 대한 제 사랑은 이제 어린 아이가 한때 혹했던 값싼 장난감에 대한 기억에 불과해요.

(1장: 드미트리우스의 대사 중에서)

1장

숲속

드미트리우스, 헬레나, 허미아, 그리고 라이샌더는 여전히 무대 위에서 잠들어 있다. 티타니아가 보톰과 함께 등장한다.
보톰은 여전히 당나귀 머리를 하고 있다. 그리고 요정들인 완두콩 꽃, 거미집, 부나비, 겨자씨가 뒤따른다.
오베론이 눈에 띄지 않게 등장한다.

티타니아 (보톰에게) 이리 와서 꽃 침대에 앉으세요. 제가 당신의 사랑스런 두 볼을 애무해 드릴게요. 비단결 같은 부드러운 머리에 장미를 꽂아 드리고 예쁘고 큰 귀에 키스해 드릴게요, 다정한 내 사랑.

보톰 완두콩 꽃 씨는 어디에 있나요?

완두콩 꽃 예, 여기 있습니다.

보톰 내 머리를 좀 긁어줘요, 완두콩 꽃 씨. 거미집 씨는 어디 있나요?

거미집 예, 여기 있습니다.

보톰 거미집 씨, 당신의 연장으로 엉겅퀴 위에 있는 줄무늬 호박벌을 죽이고 꿀주머니를 갖다 주세요. 너무 힘들게 하지는 마세요, 거미집 씨. 오, 거미집 씨, 꿀주머니가 찢어지지 않도록 조심하세요. 당신이 꿀에 빠져 죽는 걸 보고 싶지 않으니까요, 선생님.

거미집이 퇴장한다.

보톰 겨자씨 씨 어디 있나요?

겨자씨 예, 여기 있습니다.

보톰 악수 먼저 하지요, 겨자씨 씨. 제발, 모자를 벗어 인사하지는 마세요, 선생님.

겨자씨 제가 무엇을 해드릴까요?

보톰 아무것도 없어요, 선생, 거미집 씨를 도와 내 머리를 긁어주는 일 말고는. 이발소에 가야겠어요, 겨자씨 씨, 얼굴에 털이 정말로 덥수룩한 것 같아요. 나는 털이 조금이라도 간지럽히면 긁어야 하는 민감한 당나귀거든요.

티타니아 음악 좀 들어 보시겠어요, 달콤한 내 사랑?

보톰 난 음악에 꽤 조예가 깊소. 누군가가 트라이앵글과 스틱을 연주하는 것을 들어 봅시다.

티타니아 내 사랑, 뭘 먹고 싶은지 저에게 말씀하세요.

보톰 사실, 난 풀이나 한 통 먹고 싶소. 잘 마른 귀리를 좀 씹고 싶어요. 아니면 건초 한 다발을 무척이나 갈망하고 있소. 좋은 건초, 정말로 달콤한 건초보다 더 좋은 음식은 없으니까요.

티타니아 용감한 요정더러 다람쥐 곳간을 뒤져서 신선한 견과류를 가져오도록 할게요.

보톰 그것보다는 한 두어 주먹 마른 완두 콩을 먹고 싶소. 하지만 어떤 누구라도 나를 깨우지 않게 해주세요. 난 정말 지금 자고 싶어요.

티타니아 주무세요, 제가 당신을 제 팔로 감싸 드릴게요. 요정들아, 물러가라. 사방으로 흩어져라.

요정들이 퇴장한다.

티타니아 마치 사랑스런 인동을 부드럽게 휘어감은 인동덩굴처럼, 느릅나무 가지를 휘감고 있는 암컷 담쟁이덩굴처럼 이렇게 감싸 드릴게요. 오, 당신을 얼마나 사랑하는지! 당신한테 푹 빠져 버렸어!

보톰과 티타니아가 잠이 든다. 퍽이 등장한다.

오베론 어서 오너라, 착한 퍽. 이 달콤한 광경이 보이느냐? 이제 난 사랑에 넋이 나간 티타니아가 측은해지는구나. 조금 전 난 숲가에서 티타니아와 우연히 만났다. 그녀는 이 흉측한 머저리를 위해 달콤한 선물을 찾아 헤매고 있더라. 그래서 난 그녀에게 욕지거리를 퍼부었고 그로 인해 싸움이 벌어졌단다. 그녀는 그의 털복숭이 이마에 싱싱하고 향기로운 화관을 씌워놓았는데, 꽃 한가운데 있는 이슬방울들은 그 추악한 멍청이의 머리를 장식하는 것이 부끄러워 흘리는 눈물과도 같았다. 내가 실컷 그녀를 조롱하자, 그녀는 아주 부드럽게 자신을 혼자 있게 해달라고 간청했단다. 그래서 난 대뜸 훔쳐온 인도 아이를 달라고 했지. 그녀는 즉시 알겠다고 말했고, 요정을 시켜서 내 처소로 그 소년을 데려가게 해줬단다. 이제 난 그 소년을 얻었으니 그녀의 눈을 역겹게 만드는 마력을 풀어 줘야겠다. 그러니, 상냥한 퍽, 넌 가서 그 아테네 촌뜨기의 당나귀 머리를 벗겨 줘라. 그가 다른 사람들과 같은 시간에 잠에서 깨면, 그들 모두는 아테네로 돌아갈 수 있을 거다. 그리고 그들은 오늘 밤의 이 사건들을 아주 불쾌한 꿈으로만 기억할 것이다. 우선 난 요정의 여왕을 마법에서 풀어 줘야겠다. (오베론은 두 번째 꽃에서 즙을 짜 티타니아의 눈에 바른다)예전처럼 되어라, 예전처럼 보게 되어라. 이 꽃봉오리는 처녀성의 여신인 다이애나의 것으로 큐피드의 꽃의 효과를 상쇄시키는 힘이 있다. 자, 티타니아, 일어나, 사랑스런 나의 여왕이여.

티타니아 (잠에서 깨어) 오베론! 참 이상한 꿈을 꾸었어요! 당나귀와 사랑에 빠진 꿈이었어요.

오베론 저기서 당신의 남자친구가 자고 있소.

티타니아 어떻게 이런 일이? 저런 상판대기 보는 것조차 싫어!

오베론 쉿, 잠깐. ─퍽아, 저 사람의 당나귀 머리를 벗겨 줘라. ─티타니아, 요정들에게 음악을 연주하도록 해요, 이들 다섯 사람이 이전보다 더 깊이 잠을 자도록 말이요.

티타니아 음악을 들려다오! 깊은 잠을 자게 해주는 음악을 들려다오.

음악이 연주된다.

퍽 (보톰으로부터 당나귀 머리를 벗겨 준다) 잠에서 깨거든 네 본래의 어리석은 눈으로 세상을 보게 될 것이다.

오베론 음악을 울려라. ─내 손을 잡아요, 여왕이여, 이 사람들의 자장가가 되도록 부드러운 춤을 춥시다. (오베론은 티타니아와 춤을 춘다) 우리도 이제 사랑의 화해를 한 거요. 내일 한밤중엔 테세우스 공작의 결혼과 첫날밤의 축복을 위해 춤을 춥시다. 이 두 쌍의 연인들도 테세우스와 함께 결혼식을 올릴 것이고, 그러면 그들 모두는 기분이 좋아질 거요.

퍽 저것 좀 들어보세요, 대왕님. 종달새의 노랫소리가 들려요. 아침이 왔어요.

오베론 그럼, 나의 여왕님, 달보다 더 빨리 지구를 돌며 여전히 밤인 지구를 가로질러 조용히 엄숙하게 갑시다.

티타니아 가는 동안, 내가 어떻게 지난밤에 대지에서 인간들과 같이 잠들었는지에 대해 얘기해줘요.

오베론, 티타니아, 그리고 퍽이 퇴장한다.

사냥용 나팔소리가 울린다. 테세우스가 하인들,
이지어스 그리고 히폴리타와 함께 등장한다.

테세우스 누구든 가서 산지기를 불러오너라. 이제 오월의 축제도 끝났고 아직도 너무 이른 새벽녘이니, 내 사랑은 사냥개들이 먹잇감을 쫓을 때 짖어대는 아름다운 음악소리를 들을 것이다. 서쪽 산골짜기에 사냥개들을 풀어 놓아라. 사냥개들을 풀어 놓고 가서 산지기를 찾도록 해라.

하인이 퇴장한다.

테세우스 나의 아름다운 여왕이여, 사냥개들이 짖는 소리가 절벽에 메아리로 울려 퍼지는 음악을 들으러 산에 올라갑시다.

히폴리타 저도 예전에 헤라클레스와 카드모스 영웅과 함께 곰 사냥을 한 적이 있었어요. 그때 그들의 스파르타 사냥개들이 곰 한 마리를 궁지에 몰아넣고 짖어댔어요. 전 그렇게 인상적인 소리를 예전에 들어본 적이 없었어요. 숲, 하늘, 산, 그리고 삼라만상이 사냥개들의 짖는 소리를 반복해서 울리는 것처럼 보였어요. 그렇게 시끄러운 음악과 유쾌한 천둥소리를 들어본 적이 없어요.

테세우스 내 개들도 스파르타 사냥개의 종자요. 입 주변에는 똑같이 처진 살과 모래빛 털이 있고, 아침 이슬을 털어낼 수 있는 큰 귀를 가졌소. 그들은 스파르타 사냥개처럼 무릎을 구부리고 목

아래 살은 주름이 있소. 추격하는 속도는 빠르지 않지만, 짖어대는 소리는 종소리처럼 들려요. 각각의 짖는 소리는 음계의 음조처럼, 다른 개들의 짖는 소리와 완벽하게 조화를 이루지요. 어느 누구도, 어디에서도, 이보다 더 음악적인 개들과 사냥을 가본 적이 없을 거요. 그 소리를 직접 듣고 스스로 판단하시오. (그는 네 명의 연인들이 자고 있는 모습을 본다) 잠깐만! 이 여인들은 누구지?

이지어스 공작님, 저쪽 땅 위에서 자는 처자가 제 딸이고, 이자는 라이샌더, 이쪽은 드미트리우스, 그리고 이 처자가 네다의 딸인 헬레나입니다. 어찌하여 이들이 여기 함께 있는지 모르겠습니다.

테세우스 아마도 5월의 축제를 보기 위해 일찍 일어나서 이곳으로 왔을 것이요, 그리고 그들은 내가 여기에 있을 거라는 풍문을 듣고 나를 축하하기 위해 여기에 왔을 것이요. 하지만 말씀해 보시오, 이지어스. 오늘이 허미아가 드미트리우스와 결혼을 할 것인지 말 것인지를 결정해야 하는 그날이 아닌가요?

이지어스 그렇습니다, 공작님.

테세우스 가서 사냥꾼들에게 뿔 나팔을 불게 하여 네 사람을 깨우도록 해라.

하인이 퇴장한다.

누군가가 무대 밖에서 소리친다. 뿔 나팔 소리가 들린다.

라이샌더, 드미트리우스, 헬레나, 그리고 허미아가 잠에서 깨어난다.

테세우스 좋은 아침, 젊은 친구들! 성 발렌타인 축제는 이미 끝났구나. 너희 연인들은 이제 짝짓기를 시작하는 거니?

라이샌더, 드미트리우스, 헬레나, 그리고 허미아는 모두 무릎을 꿇는다.

라이샌더 용서해 주십시오, 공작님.

테세우스 모두들, 일어나게.

라이샌더, 드미트리우스, 헬레나, 그리고 허미아가 일어난다.

테세우스 (라이샌더와 드미트리우스에게) 너희 둘이 원수라는 사실을 난 안다. 세상이 정말로 온화하고 평화로워져서 서로를 미워하는 사람들이 이제 두려움 없이 믿고 바로 옆에서 잠을 자게 되었는가?

라이샌더 공작님, 비몽사몽간이기 때문에, 제가 하는 말이 조금 혼란스러울 수도 있습니다. 맹세코 제가 어떻게 여기에 왔는지 모르겠습니다. 하지만 전 진실을 말씀드리고 싶습니다. 지금 생각해보니, 사실은 제가 허미아와 함께 이곳에 왔다는 것입니다. 저희들은 아테네의 법망을 피하기 위해 그곳으로부터 달아나고자 했습니다.

이지어스 (테세우스에게) 충분합니다. 충분합니다, 공작님. 충분한 증거를 들으신 겁니다. 전 법대로 저자에게 벌주길 원합니다. —저것들은 달아나려고 했습니다. 드미트리우스, 저것들이 내게서는 사위를 결정할 아버지의 권리를, 그리고 자네에게서는 아내를 빼앗아 우리를 굴복시키기 위해 도망쳤네.

드미트리우스 (테세우스에게) 공작님, 실은 아름다운 헬레나가 그들이 이 숲으로 도망칠 거라고 귀띔해 주었어요. 저는 화가 치밀어 여기까지 그들을 쫓아왔고, 아름다운 헬레나는 절 사랑하여 여기까지 뒤쫓아 왔습니다. 어떻게 된 일인지는 모르지만, 허미아에 대한 제 사랑이 눈 녹듯 녹아버렸어요. 그 사랑은 이제 어린아이가 한때 혹했던 값싼 장난감에 대한 기억에 불과해요. 이제 제가 사랑하고, 믿고, 보기를 원하는 유일한 사람은 헬레나예요. 저는 허미아를 만나기 전 헬레나와 약혼을 했습니다. 그러고 나서 저는 한동안, 평소에 좋아하는 음식을 싫어하는 병든 사람처럼 그녀를 미워했어요. 그러나 지금 저는 마치 환자가 회복하는 것처럼, 제 본래의 맛을 되찾았어요. 이제 전 헬레나를 원하고, 사랑하고, 갈망하며, 그리고 언제까지나 그녀에게 진실할 거예요.

테세우스 여기서 나를 만난 예쁜 연인들, 너희들은 정말 운이 좋구나. 너희들 얘긴 차차 더 듣기로 하자. ―이지어스, 난 그대의 간청을 들어줄 수 없소. 이들 두 쌍의 연인들은 오늘 늦게 사원에서 나와 히폴리타와 함께 결혼할 것이오. ―이제, 아침이 다 가고 있으니, 사냥을 포기합시다. 우리와 함께 아테네로 갑시다. 우리 세 쌍은 호화로운 잔치를 벌일 것이오. 갑시다, 히폴리타.

테세우스, 히폴리타, 그리고 이지어스가
추종자들과 함께 퇴장한다.

드미트리우스 정확히 무슨 일이 있었던 거야? 지난밤에 있었던 일은, 가마득히 먼 산이 마치 구름으로 보이는 것처럼 작고 분명하게 보이지 않아.

허미아 응, 마치 내 눈이 초점을 벗어난 것 같고 모든 것이 이중으로 보여.

헬레나 나도 그래. 난 너무 쉽게 드미트리우스를 얻었어. 아무렇게나 놓여있는 귀중한 다이아몬드를 발견한 것처럼. 내가 찾았기 때문에 내 것이지만, 아마도 다른 누군가가 와서 자기 것이라고 주장할 것만 같아.

드미트리우스 우리 확실히 깨어있는 건가? 난 아직도 잠자고 있는 것 같고, 꿈꾸고 있는 것 같아. 너희들 공작님이 여기에 계신 것 기억나니? 공작님이 우리보고 따라오라고 했어?

허미아 응, 그랬어. 네 아버지 또한 여기 계셨어.

헬레나 그리고 히폴리타님도.

라이샌더 그리고 공작님은 우리들을 사원으로 따라오라고 하셨어.

드미트리우스 그렇다면, 우린 분명히 깨어있군. 자, 공작님을 따라가세. 가면서 우리들의 꿈에 관하여 서로서로 얘기 나누세.

라이샌더, 드미트리우스, 헬레나, 그리고 허미아가 퇴장한다.

보톰 (잠에서 깨어나며) 내 대사 차례가 되거든 말해줘. 그러면 말할 테니. 내 다음 대사는 "가장 잘생긴 피라머스님"이야. 이봐! 피터 퀸스! 풀무수선공 플루트! 땜장이 스나우트! 스타블링! 세상에, 이 사람들이 잠들어 있는 날 두고 모두 줄행랑을 친 거야? 참으로 이상한 꿈을 꿨어. ㅡ너희들은 그 이상한 꿈을 묘사할 수도 없을 거야. 그걸 설명하려고 한다면, 너희들은 당나귀가 될 거야. 내가 그런 것 같아—아니, 아무도 내가 어떤 사람이었는지 설명할 수 없어. 내가 그런 것 같아, 내가 당나귀였던 것 같아ㅡ그러나 내가 당나귀였다고 말하면 그 사람은 바보 멍청이가 될 거야. 내 꿈이 어땠는지는 어떤 눈도 들은 적이 없으며, 어떤 귀도 본 적이 없고, 어떤 손도 맛본 적이 없으며, 어떤 혀도 느껴본 적이 없고, 어떤 마음도 묘사할 수가 없을 거야. 나는 피터 퀸스에게 이 꿈을 발라드 가사로 쓰라고 해야겠어. 그 꿈은 너무 깊어서 바닥이 없기 때문에 난 그걸 '보톰의 꿈'이라고 할 거야. 그리고 난 연극 중간 휴식시간에 공작님을 위해 그 노래를 부를 거야. 아니면, 훨씬 더 멋져 보이도록 여주인공이 죽을 때 불러야겠어.

보톰이 퇴장한다.

2장

피터 퀸스의 집

퀸스, 플루트, 스나우트, 그리고 스타블링이 등장한다.

퀸스 보톰의 집에 사람을 보내봤나? 아직도 집에 돌아오지 않았어?

스타블링 아무도 소식을 듣지 못했어. 납치된 게 분명해.

플루트 그자가 나타나지 않으면, 연극은 망치고 말거야. 연극은 계속되지 못할 거야. 그러지 않을까?

퀸스 응, 불가능해. 그는 아테네에서 피라머스 역을 할 수 있는 유일한 사람이야.

플루트 물론이지. 아테네에서 가장 똑똑한 노동자일 거야.

퀸스 맞아, 외모도 최고라 할 수 있어. 그리고 목소리는 달콤함의 전형(paramour)이야.

플루트 그럴 땐 '모범(paragon)'이라고 하는 거야. '전형(paramour)'은 나쁜 뜻이야.

스너그가 등장한다.

스너그 공작님이 사원에서 나오셔. 둘 또는 세 쌍의 귀족들도 결혼을 했대. 우리의 연극을 제대로 올릴 수 있다면, 우린 짭짤한 수입을 얻게 될 텐데.

플루트 오, 멋지고, 재밌는 친구, 보톰! 그는 평생 매일 6펜스씩 연금을 받을 수 있을 텐데. 하루에 6펜스는 거뜬히 받을 수 있을 거야. 피라머스 역을 멋들어지게 했는데 공작님이 매일 6펜스씩 주시지 않는다면 내 손에 장을 지질 거다. 보톰 또한 6펜스를 받을 만한 자격이 충분해. 피라머스는 하루에 6펜스의 가치가 있어, 그렇지 않으면, 아무런 가치가 없는 거야!

보톰이 등장한다.

보톰 사람들 어디 있어? 내 친구들 어디 있어?

퀸스 보톰! 널 보니 정말 좋아! 아, 안심이야!

보톰 친구들, 너희들에게 말해줄 몇 가지 놀랄만한 일이 있어. —그러나 무슨 얘기냐고 묻지는 말게. 너희들에게 아무것도 말하지 않을 것을 난 아테네의 시민권을 걸고 맹세해. 난 너희들에게 있었던 모든 것을 정확하게 말해줄게.

퀸스 어서 말해봐, 보톰.

보톰 아니, 너희들은 나에게서 한마디도 듣지 못할 거야. 내가 말할 수 있는 건 공작님께서 식사를 이미 마쳤다는 것뿐이야. 이제 의상을 입을 시간이야. 가짜 수염을 묶을 수 있는 좋은 끈을 찾고, 신발을 장식할 새 리본을 움켜쥐어. 가능한 한 빨리 궁정에서 만나세. 너희들 대사를 다시 한 번 살펴봐. 우리의 연극은 공작님을 위해 공연될 거야. 그러니 티스비가 깨끗한 속옷을 입고 있는지 확인하고, 사자를 연기하는 사람이 손톱을 자르지 않았는지 확인해. 사자의 손톱처럼 보이기 위해선 긴 손톱이 필요하잖아. 그리고 누구도 양파나 마늘을 먹어선 안 돼. 만일 우리가 달콤한 향기의 입김을 풍긴다면, 사람들은 '그건 달콤한 연극'이라고 분명히 말할 거야. 이제 더 이상 말하지 말게. 어서, 가세!

그들 모두가 퇴장한다.

제5막

연극이란 아무리 훌륭해도 인생의 그림자에 지나지 않아,
그리고 아무리 서툰 연극이라도 보는 사람의 상상력을
그 연극에 채우면, 훌륭한 연극이 되는 거요.

(1장: 테세우스의 대사 중에서)

1장

테세우스 공작 궁궐 내의 홀

테세우스, 히폴리타, 필러스트레이트,
많은 귀족들, 그리고 하인들이 등장한다.

히폴리타 이 연인들이 이상한 말을 하고 있어요, 테세우스.

테세우스 응, 이상해—완벽히 꾸며낸 것 같아. 난 이 오래된 어떤 전설이나 동화들을 결코 믿지 않아. 연인들과 광인들은 온전한 사람들이 이해할 수 없는 환영들을 볼 수 있어. 광인이나 연인, 그리고 시인은 모두 그들의 지나친 상상력에 지배를 받거든. 어떤 사람들은 그들이 어디서나 악마와 괴물을 본다고 생각해—그게 결국 광인이라는 거지. 연인들도 똑같이 미치광이들이야—검은 피부의 집시가 세상에서 가장 아름다운 여성이라고 생각하거든. 시인들은 항상 시적 황홀경을 가지고 주위를 봐. 일상적인 것과 비현실적인 것을 혼돈하면서, 그리고 존재하지 않는 것들을 글로 묘사하면서. 이 사람들은 너무 강한 상상력을 가지고 있어서, 어떤 행복감이 찾아오면, 신 혹은 다른 초자연적인 존재가 자신들에게 행복을 가져다준다고 생각해. 그리고 밤이 되어 무언가에 두려움을 느낄 때면, 관목 숲을 보고 그것이 야생 곰이라고 상상하거든!

히폴리타 하지만 저 연인들이 말하고 있는 이야기와, 그들 모두가 똑같은 것을 보고 들었다는 사실은 상상이라기보다는 이곳에서 많은 일들이 일어나고 있다는 생각이 들게 해요. 그들의 이야기는 기이하고 놀랍지만, 믿을만하고 일관성이 있어요.

연인들—라이샌더, 드미트리우스, 헬레나, 그리고 허미아가 등장한다.

테세우스 저기 연인들이 행복하게 웃으며 오는군. 젊은이들! 자네들의 앞날이 기쁨으로 가득차길 바라네.

라이샌더 우린 공작님이 더 많은 기쁨을 누리시길 원해요, 공작님의 산책로, 식탁, 그리고 침실에 기쁨이 넘치기를 바랍니다!

테세우스 그건 그렇고, 이제 저녁식사와 취침시간 사이의 긴 세 시간 동안 어떤 종류의 연회로 채워야 하는가? 우리의 연회 기획자는 어디 있는가? 어떤 공연이 준비되어 있는가? 잠자리에 들 때까지 기다리는 것 자체가 고문인데, 그동안 즐길만한 연극이 없는가? 필러스트레이트를 불러주게.

필러스트레이트 여기 있습니다, 공작님.

테세우스 오늘 저녁을 위해 준비한 여흥이 무엇인지 말하라. 어떤 연극? 무슨 음악? 여흥이 없다면 우린 이 시간을 어떻게 보내지?

필러스트레이트 (테세우스에게 한 장의 종이를 건넨다) 여기에 준비된 모든 여흥 목록이 있어요. 공작님께서 어느 것을 먼저 보고 싶으신지 선택하십시오.

테세우스 (목록을 읽는다) 아테네의 내시가 하프와 함께 노래하는 "헤라클레스와 켄타우로스의 전투." 안 돼, 내 사촌 헤라클레스를 칭찬하면서, 이미 히폴리타에게 이 이야기를 해줬으니 안 볼 거야. 또 무엇이 있지? "가수 오르페우스를 갈기갈기 찢는 술 취한 바쿠스의 폭동." 그건 케케묵은 쇼야, 그리고 난 테베를 정복하고 돌아온 마지막 순간에 그것을 보았어. "배움과 학문의 종말을 애도하는 아홉 명의 뮤즈." 이건 신랄하고 비판적인 풍자로 결혼식에 적합하지 않아. "젊은 피라머스와 그의 연인 티스비의 매우 슬프고 비극적인 희극에 관한 지루하고 짧은 드라마." 슬픈 희곡? 짧지만 여전히 지루한? 이것은 뜨거운 얼음과 이상한 눈과 같구나. 어떻게 이리도 모순적인 것들이 많을까?

필러스트레이트 이것은 제가 들어본 것 중에서 가장 짧은 연극으로, 약 열 개의 단어로 된 연극입니다. 그런데 이 열 개의 단어가 너무 길어 이 연극이 지루한 것입니다. 연극 전체에서, 한 단어도 제대로 쓰여있지 않고, 역할에 적합한 배우도 전혀 없습니다. 또한 이 연극은 피라머스가 자살을 하기 때문에 비극적입니다. 리허설 중에 그의 자살 장면을 보고 눈물을 흘렸다는 것을 고백합니다. 하지만 그 눈물은 웃음의 눈물이었습니다.

테세우스 배우들은 누군가?

필러스트레이트 머리라곤 전혀 써본 적이 없는 아테네의 거친 노동자들입니다. 이제 그들은 공작님의 결혼식을 위해 연극을 공연하고자, 좋지 않은 그들의 머리를 닳도록 쥐어짜고 있습니다.

테세우스 그럼 그 연극을 보도록 하자.

필러스트레이트 아니요, 공작님. 이 연극은 공작님에게 적합하지 않아요. 제가 이 연극을 전부 보았는데, 전혀 가치가 없답니다. ―만약 공작님이 그들의 서투른 연기와 고통스럽게 암기했음에도 잘못 읽는 대사를 신경 쓰지 않으신다면 재밌을지 모르지만요.

테세우스 이 연극을 보겠다. 단순한 사람들이 열심히 노력해서 창조한 것은 그 어떤 것도 나쁠 리가 없다. 어서 그들을 데려와라. 그리고 앉읍시다, 숙녀분들.

필러스트레이트가 퇴장한다.

히폴리타 부족한 자들이 뭔가를 잘하려고 할 때 너무 과중한 부담으로 오히려 실수를 저지르는 그러한 상황을 보고 싶지 않아요.

테세우스 그런 일은 없을 거요, 여보.

히폴리타 필러스트레이트는 배우들이 연기를 잘하지 못한다고 했잖아요.

테세우스 우린 그들이 연기를 못해도 그 자체에 감사할 줄 아는 친절한 사람들이요. 그들의 실수를 받아들이면서 즐깁시다. 부족하나 충실한 사람들이 어떤 것을 잘 할 수 없을 때, 관대한 사람들은 그들이 이룬 결과보다는 쏟는 노력을 볼 수 있어야 해요. 여행 중에, 위대한 학자들이 나에게 다가와서, 준비된 환영사로 날 맞이하려고 했어요. 난 그들이 떨면서 얼굴이 창백하게 변하고, 문장 중간에 부적절하게 멈추고, 잘 연습된 목소리 어조도 망치는 걸 봤답니다. 그들은 너무 긴장해서 실제로 날 환영도 못하고 갑자기 떠나버렸다오. 날 믿으시오, 내 사랑, 비록 그들이 말을 못했지만, 나를 환영하기 위해 노력했다는 걸 알아요, 그 메시지는 우렁차고, 대담하고, 웅변적인 사람의 것만큼이나 겸손하고, 소심하게 의무를 다하는 사람의 것임에 분명하답니다. 따라서 내 생각엔, 사랑과 말없는 겸손함은 가장 적게 말할 때조차도 가장 많이 말을 할 수 있는 것이라 생각하오.

필러스트레이트가 등장한다.

필러스트레이트 공작님, 지금 서막을 전달할 자가 준비되었습니다.

테세우스 시작하도록 해라.

서막 역인 (퀸스)가 등장한다.

퀸스 여러분을 불쾌하게 하는 일이 일어난다면, 그건 우리가 원했기 때문이요. 좋은 의도로 여러분을 불쾌하게 하는 장면을 제외하고는, 여러분의 비위를 거스르기 위해 우리가 여기에 왔다고 생각하지 않았으면 좋겠습니다. 사소한 재능을 과시하려는 계획이 결국 우리를 처형시킬지도 모릅니다. 제발 우리가 악의를 품고 이 자리에 있다는 걸 명심하세요. 우리는 여러분을 행복하게 할 의도로 여기에 온 것이 아닙니다. 우리는 여러분을 즐겁게 해드리기 위해 여기에 있는 것이 절대적으로 아닙니다. 배우들이 나와서 여러분을 비참하게 만들어 드릴 준비가 되었습니다. 배우들의 연기를 보시면, 여러분은 알게 될만한 모든 걸 알아낼 수 있을 것입니다.

테세우스 이 사람은 구두점에 전혀 신경을 쓰지 않는구먼.

라이샌더 저 작자는 서막을 야생마처럼 읽어 버리네. 어디서 멈추어야 할지를 전혀 모르고 있어. 이 이야기의 교훈은 말을 하는 것만으로는 충분하지 않다는 거예요; 말을 바르게 해야 한다는 거죠.

히폴리타 네, 마치 어린아이가 피리 부는 것처럼 서막을 진행했어요.

테세우스 대사는 마치 얽힌 쇠사슬 같았고. 대사를 끊지 않아 엉망진창이 되어버렸구나. 다음에 나오는 자는 누군가?

피라머스 역의 보톰, 티스비 역의 플루트, 돌담 역의 스나우트, 달빛 역의 스타블링, 그리고 사자 역의 스너그가 등장한다.

서막 (퀸스가 전한다) 신사 숙녀 여러분, 아마도 여러분은 지금 무슨 일이 일어나고 있는지 궁금하실 겁니다. 그럼, 진실이 모두 밝혀질 때까지 계속 궁금해하십시오. 여러분이 알고 싶다면 소개해드리죠, 이 사람은 피라머스입니다. 이 아름다운 숙녀는 틀림없는 티스비입니다. 석회석과 시멘트로 분장한 이 남자는 벽을 상징합니다, 이 소름끼치는 벽은 이 연인들을 갈라놓습니다. 딱한 연인들, 불쌍한 영혼들은 벽에 난 구멍을 통해서 속삭이는 걸로 만족합니다. 어떤 누구도 놀라서는 안 됩니다. 등불, 개, 그리고 가시덤불을 들고 있는 이 남자는 달빛을 상징합니다. 여러분이 알기를 원하기에 말씀드리자면, 연인들은 사랑을 나누기 위해 니누스 왕의 무덤에서 달빛 아래 서로 만나는 것을 부끄러워하지 않습니다. '사자'라고 불리는 이 소름끼치는 짐승은 티스비가 밤에 만나기로 한 장소에 도착하자, 충실한 티스비를 위협하여 쫓아버렸습니다. 달아날 때 티스비는 망토를 떨어뜨렸고, 무시무시한 사자는 피흘리는 입으로 망토를 얼룩지게 했습니다. 곧이어 키 크고 잘생긴 피라머스가 와서 충실한 티스비의 망토를 보고 그녀가 죽었다고 생각합니다. 이 시점에서 피라머스는 자신의 날 선 칼을 빼어, 용감하게 자신의 피 끓는 가슴을 찔렀습니다. 그리고 뽕나무숲 그늘에 숨어있던 티스비도 피라머스의 칼을 뽑아 자결했습니다. 이 이야기의 나머지는 사자, 달빛, 돌담, 그리고 두 연인들이 여기 남아서 차차 말씀드리겠습니다.

테세우스 사자가 말을 할 수 있을지 궁금하구나.

드미트리우스 사자가 말을 한다고 놀랄 일은 아닙니다, 공작님. 이 바보들이 말할 수 있다는 것은 사자도 말할 수 있다는 것입니다.

서막, 티스비, 사자, 그리고 달빛이 퇴장한다.

돌담 (스나우트가 연기한다) 이 시점에서 나, 스나우트는 돌담을 연기합니다. 여러분은 제가 작은 구멍이 있는 벽인척한다는 사실을 이해하셨으면 합니다. 다만 이 벽은 그냥 벽이라고만 할 수는 없답니다. 연인들인, 피라머스와 티스비는 종종 그 구멍을 통해 아주 비밀스럽게 사랑을 속삭이니까요. 이 진흙, 시멘트, 그리고 제가 가지고 다니는 이 돌은 제가 벽이라는 사실을 말해줍니다. 사실입니다. 그리고 이것은 오른쪽과 왼쪽을 나누는 틈입니다. (두 손가락으로 가리킨다) 그 틈 사이로 연인들은 가슴 조이며 속삭일 것입니다.

테세우스 시멘트와 돌이 이보다 말을 더 잘하기를 상상할 수 있을까?

드미트리우스 내가 들어본 것 중에 가장 똑똑한 돌담입니다, 공작님.

피라머스가 등장한다.

테세우스 피라머스가 돌담으로 다가오는군, 조용히 해라!

피라머스 (보톰이 연기한다) 오, 암울한 밤이여! 오 칠흑 같은 어두운 밤이여! 오 밤, 낮이 아니면 밤은 항상 거기에 있지! 오 밤! 오

밤! 너무 슬프다, 슬프고 또 슬프다. 나의 티스비가 약속을 잊을까봐 두렵구나! 그리고 당신, 오 돌담, 오 달콤한, 오 사랑스런 돌담, 넌 티스비 아버지의 땅과 내 아버지의 땅 사이에 있구나. 그대 돌담, 오 벽이여, 오 달콤하고 사랑스런 돌담이여, 내 눈이 관통할 수 있도록 구멍을 보여다오!

돌담은 두 손가락을 들어 올린다.

피라머스 고마워, 넌 예의바른 돌담이야, 신의 축복이 있기를. 그러나 어찌된 일인가? 티스비가 안 보이니. 이 사악한 돌담, 난 돌담을 통해 어떤 행복도 볼 수 없어! 이런 식으로 나를 실망시키다니, 너의 돌덩어리들에게 저주가 있기를!

테세우스 돌담이 의식이 있기 때문에, 피라머스에게 저주를 되돌려줄 것 같구나.

보톰 (배역에 맞지 않게) 아니에요, 사실은 공작님, 그는 아무 말도 하지 않아야 합니다. 그의 차례가 아니라 티스비의 차례입니다. "이렇게 나를 실망시키는 것은"이 티스비의 대사입니다. 그녀는 지금 나올 겁니다. 그리고 저는 벽을 통해 그녀를 보게 될 것입니다. 제가 말한 대로 정확히 되는 것을 여러분도 볼 것입니다. 여기 그녀가 옵니다.

티스비가 등장한다.

티스비 (플루트가 연기한다) 오 돌담, 나와 잘생긴 피라머스 사이를 가로막은 넌 종종 내가 신음하는 소리를 들어왔었지! 나의 앵두 같은 입술은 시멘트 벽돌에 수없이 키스를 했다.

피라머스 목소리가 보여요! 나의 티스비의 얼굴을 들을 수 있는지 보러 틈새로 갈 거야. 티스비?

티스비 당신은 내 사랑, 내 사랑, 틀림없어요.

피라머스 당신이 어떤 생각을 하든, 난 당신의 사랑이야. 유명한 리맨더처럼, 난 여전히 당신에게 충실해요.

티스비 그리고 내가 죽는 날까지 트로이의 헬렌처럼 당신에게 충실할 거예요.

피라머스 사팔로스조차도 내가 당신에게 충실한 만큼 그의 연인인 프로크루스에게 충실하지 못했어.

티스비 나 역시 마찬가지야. 프로크루스도 나만큼 사팔로스에게 충실하지 못했어.

피라머스 오, 이 더러운 돌담의 틈새로 키스해줘요.

티스비 하지만 난 돌담의 구멍에 키스할 뿐이야, 당신의 입술이 아니라.

피라머스 지금 당장 니니의 무덤가에서 만날까?

티스비 죽음도 삶도 내가 가는 것을 막지 못할 거야.

피라머스와 티스비가 퇴장한다.

돌담 저 돌담은 제 역할을 마쳤습니다. 이제 끝났으니 돌담도 사라지겠습니다.

돌담이 퇴장한다.

테세우스 연인들은 좀 더 기다렸어야 했다. ―그들 사이에 놓여있던 돌담은 이제 무너졌다.

드미트리우스 그럴 수밖에 없지요. 돌담은 자연스럽게 남의 말을 엿들을 수 있으니까요.

히폴리타 이것은 지금까지 본 것 중에서 가장 시시한 연극이에요.

테세우스 연극이란 아무리 훌륭해도 인생의 그림자에 지나지 않아. 그리고 아무리 서툰 연극이라도 보는 사람의 상상력을 그 연극에 채우면, 훌륭한 연극이 되는 거요.

히폴리타 그런 경우 재미있는 것은 연극이 아니라, 당신의 상상력이지요.

테세우스 만일 이 배우들이 자신을 상상하는 대로 우리가 그 사람들을 상상한다면, 그들은 일류 배우들일 겁니다. 보세요, 여기 두 마리의 고귀한 동물들, 한 사람과 한 마리의 사자가 옵니다.

사자와 달빛이 등장한다.

사자 (스너그가 연기한다) 숙녀 여러분, 여러분은 순한 심성을 가졌기에 마루 위를 기는 가장 작은 괴물, 쥐도 두려워하고, 사나운 사자가 격렬한 분노로 포효할 때는 두려워 덜덜 떨지도 모릅니다. 여러분은 접합공인 저 스너그가 사나운 사자나 암사자가 아니라는 것을 알아야 합니다. 만일 제가 사자이며 문제를 일으키러 여기에 왔다면 제 목숨을 걸었을 테니까요.

테세우스 오, 훌륭한 양심을 지닌 세심한 짐승이군.

드미트리우스 그는 제가 본 최고의 사자 역할을 한 배우입니다.

라이샌더 그는 여우처럼 용감합니다.

테세우스 자네 말이 옳아. 그리고 거위처럼 현명하구나.

드미트리우스 오, 그건 사실이 아닙니다, 공작님. 그는 현명해질 만큼 용감하지는 않습니다.

테세우스 용감해질 만큼 현명하지는 않겠지. 어쨌든, 그의 역할이 바로 그 자신을 의미할 지도 모르지. 그건 그렇고 달빛이 뭐라고 하나 들어보자.

달빛 이 초롱불은 초승달을 의미합니다.

드미트리우스 그는 머리 위에 뿔을 달았어야 했어요.

테세우스 저잔 초승달이 아니기 때문에 뿔은 원 안에서 보이지 않는 게 맞아.

달빛 이 초롱불은 달을 상징합니다. 저는 달 속에 사는 사람을 연기합니다.

테세우스 그렇다면, 그게 가장 큰 실수일세. 사람이 초롱불 안에 있어야만 하네. 그렇지 않고서야 어찌 달 속에 사는 '사람'이라고 할 수 있나?

드미트리우스 촛불이 타고 있으니 초롱불 안에 들어갈 수는 없습니다. 너무 뜨겁잖아요.

히폴리타 전 이 달이 싫증나요. 어서 차거나 기울었으면 좋겠어요.

테세우스 기운 것 같이 보이나, 예의상 기다려보아야 할 것 같소.

라이샌더 어서 계속해라, 달아.

달빛 제가 여러분에게 하고 싶은 말은 이 초롱불이 달이고, 전 달 속에 사는 남자며, 이 가시덤불은 제 가시덤불이며, 개는 제 개라는 것뿐입니다.

드미트리우스 하지만 이 모든 것은 초롱불 속에 있어야 해. 왜냐면 그것들은 모두 달 속에 있기 때문이야. 그러나 조용히 해. 여기 티스비가 와.

티스비가 등장한다.

티스비 여기가 옛 니니의 무덤이군. 그러나 내 사랑은 어디 있지?

사자 (으르렁거린다) 이봐!

티스비는 망토를 떨어뜨리고 달아난다.

드미트리우스 잘도 으르렁댄다, 사자!

테세우스 잘도 도망친다, 티스비!

히폴리타 잘도 빛나네, 달빛!—정말로, 달빛은 아주 잘 빛났어요.

사자가 티스비의 망토를 흔들면서 피로 얼룩지게 한다.

테세우스 잘했다, 사자! 고양이가 쥐를 물고 있는 것처럼 흔들어라.

피라머스가 등장한다.

드미트리우스 이때 피라머스가 등장하고.

사자가 퇴장한다.

라이샌더 그러자, 사자는 퇴장하고.

피라머스 정겨운 달아, 당신의 햇살에 감사하오. 감사하오, 달님, 이렇게 밝게 비추어줘서. 우아하게 황금빛으로 반짝이는 당신의 빛을 통해, 나의 충실한 티스비를 보기 원하오. 하지만 기다려줘요. 오, 안 돼! 불쌍한 나를 봐, 얼마나 끔찍한 비극이 여기 있는지를. 눈아, 보이니? 어떻게 이런 일이? 오, 앙증맞은 오리! 오, 사랑하는 티스비! 당신의 망토 너무 좋아, 뭐야, 피가 묻은 거야? 와서 보세요, 소름 돋는 복수의 여신들이여, 그리고 그녀를 다치게 한 그 누구라도 벌을 내려줘요! 오, 운명의 여신이여, 와서 내 생명의 실을 잘라버려요. 쳐부수고, 으스러뜨리고, 끝장내어, 죽여주세요!

테세우스 이 배우의 열정적인 애도를 보면서 슬퍼할 수도 있을 것 같소—동시에 당신의 친한 친구 중의 한 명이 죽는다면.

히폴리타 제가 그를 안쓰럽게 여기지 않으면 저주를 퍼부었을 거예요.

피라머스 오, 대자연이여, 어째서 사자를 만드셨나요? 비열하고 무서운 사자가 내 사랑, 티스비—아니, 아니, 조금 전까지도 살았고, 사랑했고, 좋아했고, 존경한 가장 아름다운 여인을 빼앗아 갔어요. 나와라, 눈물이여, 마구 쏟아져라! 어서 나와, 칼아, 그리고 피라머스의 가슴을 찔러라—그래, 바로 여기 그의 심장이 있는 왼쪽에. (피라머스는 자신을 찌른다)

이렇게 나는 죽어요. 여기서 죽어요, 여기서 죽어요. 좋아, 이젠 난 죽었어요. 내 영혼은 하늘로 갔어요. 내 혀를 더 이상 볼 수 없어요, 이제 달빛이 사라질 시간이니까요.

달빛이 퇴장한다.

피라머스 이제 죽는다, 죽는다, 죽, 는, 다. (피라머스가 죽는다)

드미트리우스 누군가가 주사위를 던지고 있나요? 주사위가 아니라 '죽음'인 것 같은데요, 죽음은 오직 한 번밖에 없으니까요.

라이샌더 사실 그는 점 하나도 남기지 않고 죽은 거지요. 죽으면 아무것도 아니잖아요.

테세우스 의사의 도움이 있다면, 그는 회복되어 다시 바보로 되살아날지도 모르지.

히폴리타 만약 티스비가 돌아오기 전에 달빛이 사라졌다면, 어떻게 티스비가 어둠 속에서 자신의 연인이 죽은 것을 볼 수 있을까요?

테세우스 별빛으로 알아보겠지. 여기 그녀가 와요. 그녀의 신음소리와 탄성으로 연극이 끝나겠군.

티스비가 등장한다.

히폴리타 말도 안 되는 피라머스의 행동에 계속 슬퍼할만한 이유가 없다고 생각해요. 티스비가 짧게 슬퍼했으면 좋겠어요.

드미트리우스 피라머스와 티스비 중에 누가 더 나은지를 결정할 수가 없어요. 만일 피라머스가 더 나은 남성이라면 하느님은 우리를 도울 겁니다. 하지만 티스비가 더 나은 여성이라도 마찬가지로 하느님은 우리를 도울 거예요.

라이샌더 봐, 티스비는 자신의 사랑스런 눈으로 피라머스를 찾았어.

드미트리우스 그래서 티스비는 슬퍼 울기 시작할 거야, 물론 계속해서—

티스비 잠들었나요, 내 사랑? 뭐야, 죽었나요, 내 사랑? 오, 피라머스, 일어나요! 말씀하세요, 말씀 좀 하세요. 말 못해요? 죽었어요, 죽은 거예요? 무덤의 먼지가 당신의 사랑스런 눈을 덮어야 하다니! 당신의 백합같이 흰 입술, 앵두 같은 빨간 코, 그리고 미나리아제비 같은 노란 두 볼이 영원히 사라졌어요. 연인들이여, 같이 신음하고 울어주세요. 그의 눈은 부추처럼 녹색이었어요. 오, 운명의 여신이여, 오세요, 나에게 오세요. 당신이 그의 생명의 실을 가위로 잘랐으니, 우유빛같이 하얀 당신의 손을 피로 물들이세요. 혀여, 말하지 마라. 오라, 믿을만한 칼아. 칼날이여, 와서 피로 내 가슴을 흠뻑 적셔라. (그녀는 자신을 찌른다) 안녕, 친구들이여! 이것이 티스비가 죽는 방법이야. 안녕, 안녕, 안녕. (티스비가 죽는다)

테세우스 달빛과 사자가 시체를 묻기 위해 남는 거로군.

드미트리우스 예, 그리고 돌담도요.

보톰 (배우의 역할이 아닌) 아니, 장담하건대 연인들의 아버지들을 갈라놓은 벽이 무너졌어요. 서막을 보시겠어요? 아니면 우리 둘이 추는 시골 춤을 들으시겠어요?

테세우스 서막은 필요 없다, 제발. 자네들 연극은 나중에 서막으로 변명할 필요가 없다. 절대 변명하지 말아라. ―모든 배우들이 다 죽었기 때문에 비난 받을 상대가 없지 않은가. 사실, 극작가가 피라머스를 연기하고, 티스비의 벨트로 목을 매었다면, 그것은 훌륭한 비극이었을 것 같다. 매우 잘 수행된 훌륭한 비극. 그래도 모두 잘 끝냈으니 이제 여러분이 춤추는 것을 좀 보고 싶구나. 서막은 잊어버려라.

배우들은 춤을 춘다, 그리고 보톰과 플루트가 등장한다.

테세우스 시계가 자정을 알리는구나. 연인들이여, 잠자리에 들 시간이오. 요정들이 곧 깨어날 테니. 우리가 오늘 밤 늦게 자는 만큼, 내일 아침 늦잠을 자지 않을까 걱정이 드는군요. 이 뻔뻔할 정도로 어리석은 연극은 우리가 자기 전까지 시간을 보내도록 도움을 주었소. 사랑하는 젊은이들, 자러 갑시다. 우리는 2주 동안 매일 밤 새로운 즐거움으로 이 축하연을 계속할 것이오.

그들은 모두 퇴장한다.

퍽이 등장한다.

퍽 이제 굶주린 사자가 으르렁대고 늑대는 달을 향해 울부짖는 시간이에요. 농부들은 힘든 일로 지쳐 코를 골아요. 검게 그을린 통나무들이 벽난로 안에서 빛나고 부엉이의 울음소리는 환자들이 죽음을 떠올리게 해요. 지금은 무덤이 넓게 열리고 무덤길을 활보하도록 혼령들을 풀어주는 밤의 시간이에요. 밤의 여신처럼 태양으로부터 도망치고, 꿈처럼 어둠을 따라가는 우리 요정들은 불안해지고 있어요. 하지만 전 쥐 한 마리도 이 축복받은 집을 방해하지 못하도록 이곳에 온 거예요. 전 요정들이 오기 전에 이 집을 청소하기 위해 왔어요.

오베론과 티타니아가 하인들 그리고 추종자들과 함께 등장한다.

오베론 꺼져가는 불로 온 집안을 희미하게나마 비추어라. 나는 요정들이 나뭇가지 위에 있는 새처럼 가볍게 뛰어다니고, 나와 함께 이 노래를 부르고 춤을 추기를 원한다.

티타니아 먼저 기억으로 노래를 연습하고, 그리고 각각의 음표가 매력적인지 확인하세요. 우리 모두 손에 손을 잡고 노래 부르고 요정의 은총으로 이곳을 축복합시다.

오베론과 티타니아가 노래와 춤으로 요정들을 이끈다.

오베론 (노래하며) 이제 아침까지, 요정들 모두는 이 집을 헤집고 다녀야 한다. 티타니아와 난 왕족의 신방에서 축복을 빌 것이고, 거기에서 잉태된 아이들은 항상 행운을 누릴 것이다. 세 쌍의 부부들은 항상 사랑에 충실하며, 자녀들은 기형이 없을 것이다. 아이들은 점, 언청이, 흉터, 비정상적인 표적들이 없을 것이다. 만약 이것들을 가지고 태어난다 해도 누군가를 놀라게 할 정도는 아닐 것이다. 들판의 은총 입은 이슬로 달콤한 평화를 맛볼 수 있도록 이 궁정에 있는 각각의 방을 축복하여라. 그러면 축복받은 주인은 항상 안전할 것이다. 두루두루 돌아다녀라. 한 곳에 오랫동안 머물지 마라. 동이 틀 무렵에 만나자.

퍽을 제외하고 모두가 퇴장한다.

퍽 만약 우리 배우들이 여러분에게 불쾌감을 주었다면, 그냥 이렇게 생각하면 모든 것이 좋아질 것입니다—여러분은 잠들어 있었고, 환영을 본 거라고, 그리고 이 바보 같고 한심한 이야기는 꿈에 지나지 않는다고. 신사 숙녀 여러분, 저에게 화내지 마세요. 어려분이 우리를 너그러이 봐주시면, 우리도 모든 걸 잘 해낼 것입니다. 저는 정직한 퍽이고, 만일 우리가 야유를 받지 않을 만큼 충분히 운이 좋다면, 여러분에게 곧 보상해 줄 것을 맹세합니다. 그렇지 않다면, 저를 거짓말쟁이라고 해도 좋습니다. 그럼, 여러분 좋은 밤 되십시오. 우리를 친구로 여기신다면, 박수 좀 부탁드립니다. 그러면 퍽이 보답하겠습니다.

퍽이 퇴장한다.

열두 번째 밤

〈등장인물〉

오시노: 일리리아의 공작
세바스찬: 바이올라의 쌍둥이 오빠
안토니오: 세바스찬을 돕는 다른 선장. 세바스찬의 친구
발렌타인: 오시노 공작을 시중드는 신사
큐리오: 오시노 공작을 시중드는 신사
토비 벨치 경: 올리비아의 숙부
앤드루 에이규치크 경: 토비경의 친구
말볼리오: 올리비아의 집사
페이비언: 올리비아의 집안 식구
올리비아의 하인
페스테: 광대 올리비아의 재담꾼
선장: 바이올라를 구출한 남자
올리비아: 부유한 백작의 상속녀
바이올라: 세바스찬의 쌍둥이 동생, 남장하여 오시노 공작의 시동이 된 처녀
마리아: 올리비아의 시녀
신부
하인: 올리비아의 집안 소속
두 경관: 경관1, 경관2
기타: 귀족, 악사, 뱃사람, 그 밖의 사종들

〈장소〉

일리리아의 한 도시와 그 부근의 해안

제1막

음악이 사랑을 위한 양식이라면, 계속 연주해라.
… 오, 사랑은 가만히 있지를 못하는구나! 사랑은 모든 것을
원하도록 만들어, 그러나 그것이 아무리 좋은 것이라
할지라도 순식간에 싫증나게 만들지. 사랑은 너무도
생생하고 환상적이어서 그 어떤 것도 사랑과 견줄 수 없어.

(1장: 오시노의 대사 중에서)

1장

공작의 궁궐

오시노, 큐리오 그리고 다른 귀족들이 자신들을 위해
연주하는 악사들과 함께 등장한다.

오시노 음악이 사랑을 위한 양식이라면, 계속 연주해라. 넘칠 정도로 들려다오, 그럼 난 넌더리가 나서 음악 사랑을 멈출 것 같구나. 다시 한번 그 선율을 들려다오! 구슬프게 들리는구나. 오, 제비꽃이 무성한 둔덕에서, 꽃향기를 담아 부드럽게 불어오는 산들바람처럼 달콤하게 들리는구나. 이제 충분하다. 멈추어라. 전처럼 감미롭게 들리지 않는다. 오, 사랑은 가만히 있지를 못하는구나! 사랑은 모든 것을 원하도록 만들어, 그러나 그것이 아무리 좋은 것이라 할지라도 순식간에 싫증나게 만들지. 사랑은 너무도 생생하고 환상적이어서 그 어떤 것도 사랑과 견줄 수 없어.

큐리오 사냥하러 가시겠습니까, 공작님?

오시노 무슨 사냥, 큐리오?

큐리오 수사슴 사냥 말입니다.

오시노 그건 지금 내가 하고 있잖은가—지금 사냥당하고 있는 것은 내 심장이다. 오, 내가 처음 올리비아를 봤을 때, 그녀는 주변의 공기를 더 달콤하고 깨끗하게 만드는 것 같았다. 바로 그 순간 난 수사슴으로 변했고, 그녀를 향한 나의 욕망은 마치 한 무리의 사나운 개들처럼 나를 뒤쫓고 있단 말이다. 무슨 일이 있는 것이냐? 그녀에게서 어떤 소식이라도 들은 것이냐?

발렌타인 유감스럽게도, 저를 들여보내 주지 않았어요. 하지만 시녀로부터 다음과 같은 대답을 들었어요. 올리비아 아가씨께서는 앞으로 7년 동안 얼굴을 보이지 않을 거래요—하늘에게까지도. 대신에 그녀는 수녀처럼 베일을 쓰고 다닐 것이고, 매일 눈물로 방을 적실 거래요. 이것은 죽은 오빠에 대한 사랑의 표시이며, 영원히 오빠를 생생하게 기억하기를 원하기 때문이래요.

오시노 오, 오빠를 이처럼 사랑한다니, 내가 그녀의 모든 애착을 다 잊게 해준다면 그녀가 날 얼마만큼 사랑할지 상상이 되는구나! 그녀의 마음과 심장은 오로지 한 남자—내가 차지할 것이다. 나를 정원으로 안내해 다오. 사랑에 대해 생각할 수 있는 아름다운 장소가 필요하구나.

그들은 퇴장한다.

2장

해안가

바이올라, 선장, 그리고 선원들이 등장한다.

바이올라 여긴 어느 나라예요?

선장 일리리아라는 나라입니다. 아가씨.

바이올라 이곳에서 전 어떻게 해야 하나요? 오빠는 천국에 있을 거예요. 혹시 익사하지 않았을 가능성도 있고요. —어떻게 생각하세요, 선원 여러분?

선장 아가씨가 구조된 것은 순전히 요행이었어요.

바이올라 아, 가엾은 오빠! 혹 운이 좋아서 구조되었을 지도 몰라.

선장 가능해요, 아가씨. 아직 포기하지 마세요. 우리 배가 난파되고 아가씨와 몇 명의 생존자들이 구명보트에 매달려 있을 때, 저는 아가씨의 오빠가 바다에 떠 있는 큰 돛대에 스스로를 묶는 것을 봤어요. 그는 위험한 상황에서도 침착하고 용감하게 행동했어요. 제가 보는 동안에는 돌고래의 등에 업힌 아리온처럼 파도 위에 떠있었어요.

바이올라 (선장에게 돈을 건네며) 그렇게 말씀하여 주시니 고맙습니다. ─감사의 표현이니 받으세요. 제가 생존해 있으니 오빠 또한 살아있다고 상상할래요. 선장님의 말씀이 저에게 희망을 주네요. 여기가 어딘지 아세요?

선장 네, 아가씨, 잘 압니다. 저는 여기서 세 시간도 채 안 걸리는 곳에서 태어나 자랐습니다.

바이올라 이곳 통치자는 누구시죠?

선장 가문과 인품이 고귀한 공작이십니다.

바이올라 그분의 성함은요?

선장 오시노 공작이십니다.

바이올라 오시노! 아버지가 그분 말씀하시는 걸 들은 적이 있어요. 그때 그분은 독신이셨어요.

선장 지금도 미혼이십니다. 최소한 제가 여길 떠날 때까지만 해도 그랬지요. ─그러나 소문이 있어요. ─아가씨도 알다시피, 사람들은 왕족에 관한 가십거리를 좋아하잖아요. ─아름다운 올리비아와 사랑에 빠졌다고 하네요.

바이올라 그녀는 어떤 분이세요?

선장 작년에 사망한 어느 백작님의 딸인데 정숙한 분입니다. 오빠가 한동안 그녀의 양육권을 가지고 있었으나, 그 또한 죽고 말았답니다. 사람들은 그녀가 오빠를 기리기 위해 지금 어떤 남자와도 교제를 하지 않기로 맹세했다고들 말합니다.

바이올라 그분을 위해 일할 수 있으면 얼마나 좋을까! 내 정체를 밝힐 적절한 시기가 올 때까지 세상을 피하는 좋은 방법일 것 같은데.

선장 그건 어려울 것 같습니다. 아가씬 어떤 누구라도, 심지어 공작님의 심부름꾼조차도 보기를 원하지 않거든요.

바이올라 선장님은 참 좋은 분 같아요. 겉으로 아름답게 보이는 사람들도 속은 부패한 경우가 많은데, 선장님은 잘생긴 외모와 매너에 걸맞은 아름다운 마음을 가진 분이라고 믿겨요. 제 정체를 숨겨주시고, 제가 원하는 대로 변장하게 도와주시면 대가로 충분한 사례를 해드릴게요. 전 이 공작님의 하인이 되고 싶어요. 저를 공작님에게 시동이라고 소개해 주세요. 시간 낭비가 되지 않도록 해드릴게요. 전 공작님을 위해 다양한 종류의 노래를 불러드릴 수 있으며 이야기도 해드릴 수 있어요. 그러면 공작님도 저의 봉사에 행복해하실 거예요. 그 후에 무슨 일이 일어날지는 시간이 말해줄 겁니다.—제가 하려는 일에 대해서는 조용히 입만 다물어 주시면 됩니다.

선장 한마디도 않겠습니다. 아가씬 시동이 되고, 전 벙어리가 되어 보죠. 아가씨의 비밀을 지키겠다고 일생을 걸고 맹세할게요.

바이올라 고맙습니다. 그럼 안내해주세요.

그들이 퇴장한다.

3장

올리비아의 저택

토비 벨치 경과 마리아가 등장한다.

토비 벨치 경 조카는 왜 그러는 거지? 오빠가 죽었다고 저렇게까지 괴로워할 건 없잖아? 슬픔은 건강에 해로운데.

마리아 제발, 토비 경님, 밤에 일찍 들어오셔야 해요. 올리비아 아가씨께서 토비 경님의 심야 파티에 불만이 이만저만이 아닙니다.

토비 벨치 경 저런, 곧 익숙해지실 거야.

마리아 그렇겠죠. 하지만 질서와 예의에 맞게 자신을 지킬 필요는 있죠.

토비 벨치 경 자신을 지키라고? 내 자신을 지키는 유일한 것은, 내가 지금 입고 있는 옷이야. 이 옷들은 술을 마시기에 아주 적합해, 장화도 마찬가지고. 만일 그렇지 않다면, 그것들은 자신들의 끈으로 묶어 스스로를 교수형에 처해야 할 거야.

마리아 그렇게 술을 마시면 자멸할 거예요. 올리비아 아가씨께서 어제 그렇게 말씀하셨어요. 그리고 어느 날 밤, 아가씨께 적합한 남편감이라고 토비 경님이 데리고 온 그 멍청한 기사에 대해서도 말씀하셨어요.

토비 벨치 경 누구, 앤드루 에이규치크 경 말인가?

마리아 네, 바로 그 사람입니다.

토비 벨치 경 그는 일리리아에 있는 어떤 이만큼 키가 큰 사람이야.

마리아 그게 어떻단 말이에요?

토비 벨치 경 아니, 그의 수입은 일 년에 삼천 더컷이나 된다고.

마리아 장담컨대, 그는 일 년 안에 전 유산을 탕진할 거예요. 그는 바보이며 돈을 헤프게 쓰는 사람이잖아요.

토비 벨치 경 알지도 못하면 잠자코 있어! 그는 바이올린을 연주할 수 있고, 사전 없이 3, 4개 국어를 할 수 있어. 타고난 재능이 아주 많은 사람이야.

마리아 맞아요, 타고난 바보죠. 게다가 싸움꾼이죠. 만일 싸움에서 뒷걸음치는 겁쟁이란 선물을 받지 않았다면, 그는 지금쯤 죽었을 것이라고 사람들은 말해요.

토비 벨치 경 그따위로 말하는 사람은 인간쓰레기야. 누가 그렇게 말하더냐?

마리아 나리와 매일 밤 어울려 술타령을 하는 사람들이죠.

토비 벨치 경 우린 단지 조카를 위해 축배를 들었을 뿐이야. 일리리아에 술이 있고 목구멍에 구멍만 있다면 난 조카를 위해 건배를 할 거야. 회전목마처럼 머리가 빙빙 돌 때까지 내 조카를 위해 술 마시는 것을 거부하는 사람은 인간쓰레기야. 호랑이도 제 말 하면 온다더니, 여기 앤드루 에이규치크 경이 오신다.

앤드루 경이 등장한다.

앤드루 경 토비 벨치 경! 안녕하신가, 토비 벨치 경?

토비 벨치 경 상냥한 앤드루 경!

앤드루 경 (마리아에게) 안녕, 귀여운 아가씨?

마리아 안녕하세요, 나리?

토비 벨치 경 채 터 업Chat her up, 앤드루 경, 채 터 업Chat her up.

앤드루 경 뭐라고?

토비 벨치 경 내 조카의 시녀야.

앤드루 경 존경하는 채 터 양(Miss Chat-her-up), 앞으로 잘 부탁해요.

마리아 제 이름은 마리아에요, 나리.

앤드루 경 그럼 마리아 채 터 업—Mary Chat-her-up—

토비 벨치 경 아니, 그게 아니야. 내가 "채 터 업" 이라고 말한 것은 그녀의 이름을 말한 것이 아니야. 네가 그녀를 뒤쫓아가서, 구애하고, 재대로 맞서보란 의미였어.

앤드루 경 맙소사, 사람들이 보는 앞에서 난 절대로 그런 짓 못하네. 자네가 의미한 것이 정말 그런 거야?

마리아 안녕히 가세요, 신사 양반들. (그녀가 나가려고 한다)

토비 벨치 경 그녀가 떠나잖아. 만일 그녀를 이렇게 쉽게 떠나보내면, 앤드루 경, 자네는 자네의 칼을 다시는 사용할 기회가 없을 것 같네.

앤드루 경 아가씨, 그렇게 가버리면, 다시는 나의 칼을 사용하지 못할 것 같군요. 난 당신에게 말도 안 되는 소리를 하고 있는 것이 아니라 내가 한 모든 말에는 다 의미가 있소. 여기서 바보 두 명을 당신의 손아귀에 넣었다고 생각하는 건가?

마리아 아직 손도 안 잡아봤는데요, 나리.

앤드루 경 하지만 잡게 될 거요. 여기 내 손이오. (그는 그녀에게 자신의 손을 내민다)

마리아 (그의 손을 잡으며) 여자는 자신의 견해를 말할 권리가 있어요. 바에 가서 한 잔 따라 주시죠.

앤드루 경 왜, 자기야? 그 말에 숨겨진 의미라도 있소?

마리아 당신은 술잔을 들고 있지 않는군요. 손이 너무 건조해요, 나리.

앤드루 경 글쎄요, 그랬으면 좋겠어요. 그런데 그렇게 손을 마르게 할 만큼 전 멍청한 바보가 아니네요. 하지만 이해가 안 돼요—무슨 농담이 그렇지?

마리아 단지 건조한 농담이에요, 나리.

앤드루 경 당신은 항상 그렇게 재미있나요?

마리아 그럼요. 농담을 한 움큼이나 가지고 있지요. 어머나, 제가 당신의 손을 놓으니, 그중 가장 재미있는 농담이 빠져나가 버렸어요.

마리아가 퇴장한다.

토비 벨치 경 여보게, 자네는 술이 필요해. 누군가가 당신을 그렇게 우울하게 만들 때는 더욱 필요해.

앤드루 경 결코 아니네. 내가 만취했을 때만 유일하게 우울했었어. 이따금씩 난 평범한 사람들보다도 더 어리석다는 생각이 들곤 하네. 난 붉은 고기를 많이 먹는데, 그것이 나를 어리석게 만드는 모양이야.

토비 벨치 경 물론이지.

앤드루 경 그것을 진즉 알았다면 붉은 고기를 완전히 포기했을 텐데. 그건 그렇고, 내일 집에 가겠네, 토비 경.

토비 벨치 경 왜(pourquoi), 친구?

앤드루 경 "왜(pourquoi)"는 무엇을 의미하는가? 가란 건가 가지 말란 건가? 펜싱, 춤, 그리고 곰 사냥을 하는데 허비한 시간만큼 언어를 배웠더라면! 내가 학교를 좀 더 진지하게 받아들였더라면 좋았을 텐데!

토비 벨치 경 그랬더라면 자네는 멋진 머리 스타일을 가지고 있을 텐데.

앤드루 경 그럴까, 그것이 내 머리를 고쳐 줬을까?

토비 벨치 경 물어볼 필요도 없지—원래 머리 스타일이 아니잖아.

앤드루 경 그러나 어쨌든 내 머리 스타일은 좋아 보여, 그렇지 않은가?

토비 벨치 경 멋져 보여. 낡고 닳은 걸레처럼 매달려 있는 것 같아. 어떤 여자가 자네한테 매독을 옮긴다면 아마 자넨 대머리가 될 것 같네.

앤드루 경 들어봐, 난 내일 집에 갈 걸세, 토비 경. 자네 조카는 누군가를 보는 것조차 거절한다고, 심지어 나와도 전혀 함께 있고 싶지 않을 것 같네. 근처에 사는 공작이 그녀에게 청혼을 했다면서?

토비 벨치 경 그녀는 그 공작에게 관심이 없네. 자신보다 신분이 높은 사람이나, 더 부유하고, 더 나이가 많고, 더 똑똑한 사람과 결혼하기를 원하지 않아. 그녀가 그렇게 말하는 것을 들었어. 그러니 힘내, 아직 자네에게 희망은 있네, 친구.

앤드루 경 좋아, 한 달 더 머무르겠네. 오, 난 특이한 사람이야. 때때로 내가 원하는 것은 단지 연극을 보거나 춤을 추러 나가는 것이 전부거든.

토비 벨치 경 자넨 연극과 춤에 능숙한가?

앤드루 경 그렇다고 할 수 있지, 나보다 잘하는 사람들만 빼고는 일리리아에 있는 어떤 사람 못지않게 능숙하네. 수년 동안 춤을 춰온 능숙한 사람만큼은 아니지만.

토비 벨치 경 빠른 춤에 얼마만큼 능숙한가?

앤드루 경 사실을 말하자면 난 신나게 뛰어다닐 수 있어.

토비 벨치 경 그럼 난 자네의 뜀박질에 맞추어 고기를 자를 수 있네.

앤드루 경 그리고 거꾸로 뛰는 춤이라면 일리리아에서 당할 사람이 없을 만큼 환상적으로 출 수 있어.

토비 벨치 경 왜 이런 재주를 숨겨뒀지? 왜 이런 재능을 커튼 뒤에 숨겼냐 말일세. 먼지가 많이 낄 것 같아서? 한쪽 길로 춤추며 교회에 가고, 다른 길로 춤추며 집에 돌아오는 것이 어때? 당신처럼 재능이 있다면, 난 길을 걸을 때마다 지그 춤을 출 텐데. 왈츠를 추지 않고는 오줌도 싸지 않을 거야. 무슨 생각을 하고 있는가? 이곳이 우리의 재능을 숨기는 그런 세상일까? 자넨 타고난 무용수일세. 자네 다리가 얼마나 맵시 있는지 봐.

앤드루 경 사실일세. 다리는 강하고, 갈색 타이즈를 신으면 꽤 괜찮아 보이거든. 댄스파티를 열까?

토비 벨치 경 왜 안 되겠어? 우리 둘 다 황소자리에서 태어나지 않았나?

앤드루 경 황소자리! 황소자리는 몸통과 심장을 지배해, 그렇지?

토베 벨치 경 아니, 다리와 허벅지를 지배해. 춤추는 거 보여줘. (앤드루 경이 춤을 춘다) 하, 더 높이! 하, 하, 훌륭해요!

그들이 퇴장한다.

4장

공작의 궁궐에 있는 한 방

발렌타인, (세자리오라는 이름의) 남장을 한 바이올라와 함께 등장한다.

발렌타인 세자리오, 만약 공작님의 총애가 지금처럼 계속된다면 자네는 크게 출세할 걸세. 공작님과 함께 지낸지 겨우 사흘밖에 안됐는데 이미 친한 친구처럼 자네를 대하고 있잖은가.

바이올라 공작님이 계속해서 잘해 줄지 궁금해하시는 것을 보니, 어쩌면 공작님의 마음이 바뀔지도 모른다는 생각이 드네요—또는 왠지 모르게 망쳐버릴 것만 같아요. 사람들을 향한 공작님의 감정이 갑자기 변하기도 하는가요?

발렌타인 절대 그렇진 않소.

바이올라 알려주셔서 고맙습니다. 저기 공작님이 오십니다.

오시노, 큐리오 그리고 시종들이 등장한다.

오시노 누가 세자리오를 보았느냐?

바이올라 여기 있습니다, 공작님, 뭐든지 말씀하세요.

오시노 (바이올라와 시종들에게) 잠시 비밀리에 할 말이 있다. (바이올라에게) 세자리오, 너에게 할 말이 있다. 넌 나에 관해 모든 것을 알고 있지. 난 너에게 마음 속 깊은 곳의 비밀을 모두 말했다. 그러니 그녀의 집으로 가라; 만약 널 안으로 들여보내 주지 않으면, 문 밖에서 한 발자국도 움직이지 말고 허락할 때까지 계속 그렇게 있겠다고 말해라.

바이올라 하지만 공작님, 아가씨께서는 깊은 시름에 빠져 계시다고 들었는데 절 결코 만나주지 않을 것 같습니다.

오시노 시끄럽고 불쾌하게 굴어라. 무슨 일이 있어도 꼭 그렇게 해야 한다.

바이올라 좋아요, 공작님. 제가 만약 그녀와 얘기할 기회를 얻었다면 그다음엔 어떻게 할까요?

오시노 내가 얼마나 열정적으로 그녀를 사랑하는지 말해줘라. 내가 얼마나 그녀에게 충실한지 예를 들어가면서 그녀를 설득하라. 가장 좋은 방법은 그녀를 향한 나의 감정을 표현하는 것이다. 그녀는 나이가 많고 더 진지한 남자보다 너와 같은 젊은이에게 더 관심을 기울일 것이다.

바이올라 저는 그렇게 생각하지 않습니다, 공작님.

오시노 아니야, 틀림없다—너를 남자라고 말하는 사람조차도 네가 얼마나 젊은지를 몰라야만 한다. 너의 입술은 달의 여신 다이

애나의 입술만큼 부드럽고 빨갛다. 너의 부드러운 목소리는 높고, 맑고, 그리고 매우 여성스런 소녀의 목소리와 같다. 난 네가 이 일에 적임자라는 것을 안다. (큐리오와 시종들에게) 넷 또는 다섯 명이 세자리오와 함께 가거나, 너희들이 원한다면 모두 함께 가도 좋다. 난 혼자 있을 때가 가장 편하다. (바이올라에게) 이 임무에 성공하면 난 너에게 보답할 것이다. 나의 전 재산이 너의 재산이 될 것이다.

바이올라 아가씨가 공작님을 사랑하도록 최선을 다하겠습니다. —(혼잣말로) 하지만 얼마나 힘든 일인가!—내가 결혼하고 싶은 사람의 구혼을 해줘야 하다니!

그들은 퇴장한다.

5장

올리비아의 저택에 있는 한 방

마리아와 광대가 등장한다.

마리아 아니, 어디 갔었는지 말해주지 않으면, 올리비아 아가씨께 너를 위한 어떤 변명도 안 해줄 거야. 아가씨는 멋대로 집을 비운 대가로 널 교수형에 처하실 게 뻔해.

광대 내가 교수형을 당하도록 내버려 두시지. 교수형을 당한 사람은 그 어떤 것을 보아도 두려워할 필요가 없거든.

마리아 어떻게 알아?

광대 나 원 참, 죽으면, 아무것도 볼 수 없잖아.

마리아 어설픈 대답이야. 그건 그렇고, 난 아무것도 두려워하지 않는 것에 대한 용감한 이야기를 네가 어디서 들었는지 알아.

광대 어디서 들었을까, 마리아 양?

마리아 군인들로부터. 그러나 넌 전쟁터의 최전선의 상황은 결코 이해하지 못할 거야. 네가 광대로 일하는 이 궁궐에서야 용기에 대해 말하는 것이 쉬울 뿐이지.

광대 글쎄, 우리 모두는 특별한 재능을 가지고 있어. 어떤 사람들은 현명하게 태어나고; 광대로 태어난 우리 같은 사람들은 가장 잘 할 수 있는 것을 해야만 해.

마리아 하지만 여전히, 아가씨께서는 오랫동안 집을 비웠다는 이유로 널 죽일 거야. 아니면 최소한 널 해고할 거야. 그러면 살해당하는 것만큼 슬픈 일 아니겠어?

광대 때때로 살해당하는 것은 결혼을 피하기 위한 좋은 방법이야. 그리고 해고를 당하게 된다면 여름이 좋겠는데. 따뜻한 여름에 노숙자가 되는 것도 그리 나쁘진 않을 것 같으니 말이야.

마리아 그렇다면, 결심은 한 거지?

광대 그런 건 아니지만, 난 두 지점에서 결심했어.

마리아 아 그래, 너의 바지 멜빵이 단추에 달려있는 두 지점 말이지. 한쪽이 못쓰게 되면, 다른 쪽이 버티겠지만, 양쪽 지점이 다 못쓰게 될 경우, 네 바지는 벗겨질 거야.

광대 똑똑해, 매우 똑똑해. 자 이제 가는 게 좋겠어. 만약 토비 경이 술을 끊었다면, 당신은 일리리아에서 가장 재치있는사람일 거야.

마리아 입 닥쳐, 이 말썽꾸러기야, 요변 떨지 마. 아가씨께서 오신다. 만약 너를 위해 어떤 것이 좋은지를 안다면, 오랫동안 집을 비운 것에 대해 좋은 변명거리를 생각해내야 할 거야.

마리아가 퇴장한다.

광대 (혼잣말로) 제발, 이 순간에 말할 재미있는 얘깃거리를 생각나도록 해주세요. 자신들이 재치 있다고 생각하는 똑똑한 사람들은 종종 바보로 판명되기도 하지만, 난 내 자신이 재치가 없다고 생각하기 때문에, 현명한 사람으로 통할 수도 있을 거야. 철학자인 퀴나파루스Quinapalus가 뭐라고 했지? 아 그래, "재치 있는 바보가 어리석은 현자보다 낫다"고 말했어.

올리비아, 말볼리오, 그리고 시종들이 함께 등장한다.

광대 안녕하십니까, 아가씨!

올리비아 저 머저리를 여기서 끌어내라.

광대 여보게들, 못 들었나? 아가씨를 여기서 끌어내라는데.

올리비아 헛소리 말고, 저리 비켜, 넌 이제 별 볼 일 없는 따분한 광대야. 난 더 이상 너와는 어떤 관계도 맺고 싶지 않아. 게다가, 넌 믿을 수가 없어.

광대 아가씨, 두 가지 성격적 결함은 약간의 술과 상식으로 고칠 수 있어요. 만약 아가씨께서 갈증을 느끼는 바보에게 술을 건네면, 그는 더 이상 목마르지 않을 거예요. 그리고 아가씨께서 나쁜 사람에게 사악한 짓을 고치라고 한다면, 그는 고칠 거예요. 그래서 더 이상 나쁜 행동을 하지 않을 거란 말이죠. 만약 그가 고칠 수 없다면, 수선공에게 그를 고치라고 하세요. 수선된 것은 땜질된 것일 뿐이니까요. 나쁜 짓을 한 좋은 사람은 다만 죄로 덧대어 땜질된 거예요. 그리고 좋은 일을 한 죄인은 단지 선으로 덧대어 땜질된 것이고요. 만약 이 논리가 효과가 있다면, 아주 훌륭한 거예요. 만약 효과가 없다면 아가씨께서는 어떻게 하시겠어요? 세상에서 정말로 배신당한 남편은 루크 부인에게 버려진 남자예요. ─왜냐면 모든 남성들은 아름다운 꽃인 여성들과 결혼을 하지요. 그러나 시들지 않는 꽃이 없듯이 여성들의 아름다움은 시들게 마련이거든요. 남성들 또한 마찬가지죠. 아가씨께서 광대를 끌어내라는 명령을 내렸으니, 난 다시 아가씨를 끌어내라고 말할 수 있는 거죠.

올리비아 난 널 끌어내라고 말한 것이다.

광대 오, 얼마나 큰 실수인가! 아가씨, 책 표지로 책을 판단할 수 없어요, 제 말은 제가 바보처럼 보이지만, 정신은 예리하다는 겁니다. 아가씨가 바보라는 것을 입증할 수 있도록 허락해 줘요.

올리비아 네가 그렇게 할 수 있어?

광대 거뜬히 보여드릴게요, 아가씨.

올리비아 그럼 어서 증명해 보여라.

광대 몇 가지 여쭤보겠습니다, 착한 학생, 대답해 주시죠.

올리비아 그럼 특별히 해야 할 일도 없으니 네 말을 듣기로 하자꾸나.

광대 소중한 아가씨, 왜 아가씨는 애도하고 계시나요?

올리비아 소중한 광대야, 내 오빠가 돌아가셨기 때문이지.

광대 오빠의 영혼이 지옥에 있나 보군요, 아가씨.

올리비아 오빠의 영혼은 천국에 있어, 이 멍청아.

광대 오빠의 영혼이 천국에 있는데 슬퍼하시니 아가씬 바보란 거죠. 이보게들, 이 바보를 저리 끌어내게.

올리비아 이 바보를 어떻게 생각해요, 말볼리오? 좀 재미있지 않았나요?

말볼리오 예, 아마 죽을 때까지 조금씩 재미있어질 거예요. 나이 들면 심지어 현명한 사람들조차—우습게 행동하지요, 바보 광대야 말할 나위도 없습죠.

광대 당신이 곧 망령이 들기를 바랍니다, 말볼리오. 당신이 더 어리석은 바보가 될 수 있도록 말입니다. 토비 경은 내가 똑똑하지 않다는 것에 많은 재산을 걸었지만, 그는 당신이 바보가 아니라는 것에 2센트도 걸지 않았죠.

올리비아 이 점에 대해 어떻게 생각해요, 말볼리오?

말볼리오 아가씨께서 이런 어리석은 말썽꾸러기와 함께 있는 걸 즐기다니 전 놀랍습니다. 며칠 전에 바위보다도 더 나쁜 머리를 가진 평범한 어릿광대와의 지혜 싸움에서 패배한 저 녀석을 봤어요. 그를 보세요, 벌써 말문이 막혀 어찌할 바를 모르잖아요. 누군가가 그를 비웃지 않는 한, 그는 무엇을 말할지 전혀 생각조차 못해요. 장담컨대, 이 궁정에서 광대들을 조롱하는 사람은 단지 어릿광대의 견습생들일 겁니다.

올리비아 말볼리오, 당신은 허영심이 당신의 좋은 취향을 해치고 있어요. 만약 당신이 관대하고, 순수하고, 그리고 좋은 성품을 가지고 있다면, 당신은 광대가 뭐라고 말하든 그렇게 화를 내지는 않을 거예요. 당신은 그의 재치를 해로운 총알이 아니라 무해한 작은 폭죽이라고 생각할 거예요. 궁정의 어릿광대는 정말로 사람들을 비판하지 않아요, 비록 그가 하루 종일 사람들을 조롱한다 할지라도. 현명한 자는 사람들을 조롱하지 않아요, 비판은 할지라도.

광대 광대들을 너무 과대평가하시는군요! 속임수의 신이 당신을 훌륭한 거짓말쟁이로 만들어서 당신에게 보상해 주기를 바랍니다.

마리아가 등장한다.

마리아 아가씨, 아가씨와 얘기하기를 간절히 원하는 한 젊은 신사가 문밖에 와 있습니다.

올리비아 오시노 공작이 보낸 사람이냐?

마리아 그건 잘 모르겠어요, 아가씨. 잘생긴 젊은 분이며, 수행원들도 많이 있어요.

올리비아 누가 지금 그와 얘기를 하고 있느냐?

마리아 숙부님 토비 경이십니다.

올리비아 제발 토비 경을 물러서게 해라. 그는 말도 안 되는 소리만 한단 말이야.

마리아가 퇴장한다.

올리비아 나가서 방문객에게 전해라, 말볼리오. 공작님의 메시지를 가지고 왔다면, 내가 아프거나, 또는 집에 없다고. 그를 보낼 수만 있다면, 어떤 말이라도 해도 좋다.

말볼리오가 퇴장한다.

올리비아 이제 너의 어리석은 광대 짓이 얼마나 진부한지를 알거야, 사람들도 좋아하지 않을 것이다.

광대 아가씨, 아가씨께서는 우리 광대들을 과대평가해주셨어요, 마치 큰 아들이 광대의 일을 하러 간다고 생각하시는 것처럼요. 신이 아드님의 두개골에 지력을 가득 채워주기를 바랄게요, 여기 머리가 꽤 약한 친척 한 분이 오고 계시네요.

토비 벨치 경이 등장한다.

올리비아 장담컨대, 벌써 반쯤 취하셨네. 대문 앞에 있는 사람이 누구죠, 삼촌?

토비 벨치 경 신사 양반이다.

올리비아 신사 양반? 어떤 신사예요?

토비 벨치 경 신사라니까. —(트림을 한다) 망할 놈의 소금에 절인 청어 때문인가! 배탈이 났나 봐. 요즘 어떠니, 광대야?

광대 좋아요 토비 경님!

올리비아 삼촌, 삼촌, 어떻게 그렇게 일찍 뇌사 상태에 빠진 거예요?

토비 벨치 경 뇌사 상태! 말도 안 돼. 뇌사 상태일 리가 없지! 누군가가 대문 앞에 있다고, 내가 너한테 말했잖아.

올리비아 예, 그러니까 그게 누구냐고요?

토비 벨치 경 그가 원한다면 악마가 되게 내버려 둬라, 난 상관없다. 신이 나를 보호해 주실 거다. 그가 누구든 왜 내가 신경을 써?

토비 벨치 경이 퇴장한다.

올리비아 사람들이 술에 취하면 어떤지를 말해봐라, 광대야?

광대 바보가 되죠, 아가씨, 그리고 익사한 얼간이. 한 잔 술은 바보, 두 잔 술은 미치광이, 석 잔 술은 익사자로 만들어요.

올리비아 검시관을 찾아가 삼촌을 검사해 보도록 해라. 벌써 석 잔 정도로 취하신 것 같구나—익사하셨어. 가서 삼촌을 돌보거라.

광대 아직은 미치광이 단계인 것 같아요. 바보 얼간이가 미치광이를 돌보게 되는군요.

광대가 퇴장한다.

말볼리오가 등장한다.

말볼리오 아가씨, 대문 앞에 있는 젊은이가 아가씨께 꼭 해야 할 말이 있다고 하네요. 그래서 아가씨가 아프다고 했어요. 그는 알고 있다고 하면서 그게 바로 아가씨와 만나야 하는 이유라고 하십니다. 전 아가씨가 주무신다고 했어요. 그는 또한 그것도 이미 안다고 하면서, 그것이 바로 아가씨와 이야기를 해야 하는 이유라고 하십니다. 아가씨, 제가 이제 뭐라고 말을 해야 하나요? 그는 모든 것에 대한 답변이 준비되어 있는 것 같아요.

올리비아 나와 만날 수 없다고 말해라.

말볼리오 그렇게도 말해 봤어요. 그랬더니 도로 표지판이나 긴 의자처럼 문 앞에 서 있을 거라고 하더군요.

올리비아 어떤 사람 같더냐?

말볼리오 다른 사람과 똑같은, 그냥 사람이에요.

올리비아 성품은 어때 보여?

말볼리오 무례합니다. 아가씨가 원하든 원하지 않든, 꼭 아가씨를 만나야겠다고 주장합니다.

올리비아 용모가 어떻게 보이냐? 몇 살이나 되어 보여?

말볼리오 남성이라고 하기에는 나이가 좀 어려 보이고, 소년이라고 하기에는 좀 들어 보이는 것 같아요. 완두 꼬투리가 되기 전의 꽃봉오리 같기도 하고, 익기 전의 풋사과와 같기도 합니다. 남성과 소년 사이의 어딘가에 있는 것 같아요. 그는 매우 잘생겼고 말도 유창합니다, 그러나 어린 청년입니다. 아직 젖살이 안 빠진 사람처럼 보입니다.

올리비아 그를 안으로 안내해라. 시녀를 불러다오.

말볼리오 마리아, 아가씨께서 찾으셔.

마리아가 등장한다.

올리비아 베일을 가져다가 내 얼굴에 씌워라. (올리비아는 베일로 완전히 얼굴을 가린다.) 우린 다시 오시노의 간청을 듣게 될 것이다.

바이올라가 세자리오의 복장을 하고 시종들과 함께 등장한다.

바이올라 여러분 중 누가 이 집의 아가씨요?

올리비아 나에게 말해 보아라. 내가 아가씨를 대신할 테니. 왜 왔느냐?

바이올라 빛나고 섬세하며, 더없이 아름다운 분,—하지만 제가 한 번도 본 적이 없기 때문에, 아가씨가 확실히 이 댁의 주인인지를 말씀해주세요. 엉뚱한 사람에게 제 대사를 낭비하고 싶지 않습니다. 이 대사는 잘 쓰여져 있고 그것을 암기하느라 많은 시간과 에너지를 써버렸기 때문입니다. 아름다운 숙녀분들, 제발 저를 홀대하지 말아 주세요. 전 매우 민감하고, 심지어 아주 작은 무례함에도 감정을 다치거든요.

올리비아 어디서 오셨나요, 손님?

바이올라 죄송합니다만, 제가 오늘 여기서 해야 할 말을 암기했는데, 그 질문은 없습니다. 제발, 아가씨, 제 대사를 계속할 수 있도록 아가씨가 이 집의 주인이라는 것을 보여주세요.

올리비아 당신은 배우인가요?

바이올라 아닙니다, 아가씨. 맹세컨대, 전 연기를 하는 사람이 아닙니다. 아가씨가 이 댁의 주인이신가요?

올리비아 그래요, 내가 이 신분을 훔친 게 아니라면.

바이올라 만약 아가씨께서 이 댁의 주인이시라면, 역할을 훔친 게 사실인 것 같군요, 당신에게 주어진 어떤 것이 있다면, 그건 당신 자신을 위해 지켜야 할 것이 아니기 때문이죠. 그러나 이건 제가 하기로 되어있는 부분은 아닙니다. 아가씨를 찬양한 다음, 요점을 말씀드리겠습니다.

올리비아 지금 당장 요점을 말하세요. 칭찬은 사양입니다.

바이올라 유감입니다, 암기하느라 오랜 시간이 걸렸는데, 그리고 매우 시적이거든요.

올리비아 그렇다면 가짜일 가능성이 크다는 뜻일테니 당신만 알고 있어요. 나는 당신이 대문 앞에 서서 무례하게 군다는 말을 들었고 단지 호기심 때문에 당신을 만난 것일 뿐이에요. 꼭 당신의 말을 듣고 싶어서가 아니에요. 그러니 지금 제정신이 아니라면, 여기서 나가고 제 정신이면, 요점을 말해요. 지금 미친 짓을 들어줄 인내심이 없고 어리석은 대화로 시간을 낭비하고 싶지도 않아요.

마리아 출항할 준비가 되었나요, 손님? 문은 바로 여깁니다.

바이올라 아니, 이 배는 좀 더 길게 정박해야 할 것 같군요. 작은 항해사. —아가씨, 여기 있는 건장한 시녀에게 좀 물러나 달라고 해도 될까요?

올리비아 하고 싶은 말을 해보세요.

바이올라 전할 메시지가 있습니다.

올리비아 버릇없이 전하는 것으로 보아, 끔찍한 메시지가 틀림없는 것 같군. 말해 봐요.

바이올라 아가씨에 관한 것입니다. 전쟁 선언을 하거나 현금을 요구하러 온 것이 아닙니다. 전 평화를 위해서 온 것입니다.

올리비아 하지만 처음엔 무례하게 시작되었죠. 당신은 대체 누구시요? 무엇을 원하는 건가요?

바이올라 무례하게 보였다면, 그건 여기에 도착해서 제가 형편없는 대접을 받았기 때문이에요. 제가 누구이고 무엇을 원하는지는 비밀입니다. 아가씬 제 비밀을 공유할 수 있는 유일한 사람입니다. 그건 아가씨에게만은 신성한 일이에요. 다른 누군가가 듣는 것은 모독이에요.

올리비아 여러분, 잠시만 우리 둘이 있게 해줘요. 들어야 할 '신성한' 비밀이 있으니.

마리아와 시종들이 퇴장한다.

올리비아 자, 손님, 나에게 말하고 싶은 신성한 비밀이 뭔가요?

바이올라 참으로 아름다운 아가씨—

올리비아 오, "참으로 아름다운"! 친절하고 부드러운 종류의 믿음처럼 들리네. 이 설교의 근원은 대체 어디죠?

바이올라 오시노 공작님의 가슴속에요.

올리비아 그분의 가슴속에? 그분 가슴속 몇 장 몇 절에 있는 거죠?

바이올라 목차에 따르면 그의 가슴속 첫 장에 있습니다.

올리비아 아, 그것이라면 벌써 읽었어요. 신성한 것이 아니라 이단이지. 더 할 말이 있나요?

바이올라 아가씨, 얼굴 좀 보여 주세요.

올리비아 주인님이 내 얼굴과 협상하라고 어떤 명령이라도 내렸나요? 도가 지나치군요. 하지만 베일을 벗고 얼굴을 보여주죠. 이게 바로 특별한 순간의 내 모습이에요. 꽤 잘 그려졌나요?

올리비아는 베일을 벗는다.

바이올라 아주 훌륭하게 그려졌어요, 만약 전적으로 자연스런, 신이 만든 방법대로라면.

올리비아 오, 자연 그대로랍니다, 젊은이. 바람과 비도 씻어낼 수가 없죠.

바이올라 진정한 미인이십니다. 대자연이 아가씨의 피부색을 하얗게, 입술은 매우 빨갛게 칠하셨군요. 아가씨, 미래 세대가 즐길 수 있도록 아름다운 외모를 물려줄 아이도 없이 죽음과 함께 당신의 미를 사라지게 한다면, 당신이야말로 가장 잔인한 여성이 될 겁니다.

올리비아 오, 난 절대 그렇게 잔인하지는 않을 거예요. 세상 사람들이 즐길 수 있도록 내 아름다움을 남길 거예요. 내 아름다움에 대한 자세한 목록을 작성하고 모든 부분에 라벨을 달아놓겠어요. 예를 들어—품목: 보통 붉은색을 띤 두 개의 입술, 품목: 눈꺼풀이 있는 두 개의 회색빛 눈. 품목: 하나의 목, 하나의 턱, 등등. 어쨌든 나의 미모를 찬양하기 위해 여기에 온 거요?

바이올라 당신이 어떤 사람인지 알겠어요. 당신은 도도해요. 하지만 당신이 악마처럼 거만할 지라도 여전히 멋져요. 저의 주인님이 당신을 사랑합니다. 비록 당신이 세상에서 가장 아름다운 여성일지라도, 당신은 이렇게 깊은 제 주인님의 사랑에 보답해야만 합니다.

올리비아 그가 어떻게 나를 사랑하죠?

바이올라 아가씨를 숭배합니다. 주인님은 울고 신음하고 탄식합니다.

올리비아 공작님께서는 내가 무슨 생각을 하는지 아실겁니다. 난 공작님을 사랑할 수 없어요. 그가 매우 훌륭한 사람이라는 것도, 고귀하고, 부유하고, 젊고, 그리고 평판이 좋은 사람이라는 것도 알아요. 사람들은 그가 관대하고, 교양 있고, 용감하고, 그리고 매우 매력적이라고 말하지만 난 그를 사랑할 수 없어요. 그는 오래전에 날 체념했어야만 해요.

바이올라 만약 제가 아가씨를 저의 주인처럼 열렬히 사랑하여 고통받는다면, 아가씨의 거절은 나에게 아무런 의미가 없을 것입니다. 그 자체가 용납이 되지 않으니까요.

올리비아 그럼 당신은 어떻게 하겠어요?

바이올라 내 영혼이 갇혀있는 당신 집 근처에 슬프고 작은 오두막을 짓겠어요. 그 오두막에서 제 영혼을 부를 겁니다. 나는 짝사랑에 대한 슬픈 노랫말을 써서 한밤중에 큰소리로 부르겠어요. 전 언덕에 대고 당신의 이름을 외치고 "올리비아!"를 메아리치게 할 겁니다. 그럼 당신은 나에 대한 미안함 없이는 어디도 갈 수 없을 거예요.

올리비아 나쁘진 않네요. 당신은 무엇인가를 이룰지도 몰라요. 당신 부모님은 누구죠?

바이올라 전 지금보다 더 높은 지위로 태어났어요. 하지만 지금도 상당히 높은 신분이에요. 전 신사니까요.

올리비아 주인께 돌아가 전하세요. 당신의 주인님을 사랑할 수 없으니 더 이상 전령을 보내지 말라고. ―그가 이 나쁜 소식을 어떻게 받아들였는지 다시 와서 말해주지 않으려면 이제 잘 가요. 수고했어요. 수고비 받아요.

올리비아는 바이올라에게 수고비를 준다.

바이올라 저는 품삯을 받는 전령이 아닙니다, 아가씨. 도로 넣으세요. 받아 마땅한 보상을 받지 못하는 분은 제가 아니라 주인이십니다. 전 아가씨께서 심장이 바위처럼 단단하고 아가씨의 사랑을 큰 농담처럼 다루는 남자와 사랑에 빠지기를 희망합니다. 안녕히 계십시오, 아름답고 잔인한 여인이여.

바이올라가 퇴장한다.

올리비아 "당신 부모님은 누구죠?" "전 지금보다 더 높은 지위로 태어났어요. 하지만 지금도 상당히 높은 신분이에요. 전 신사니까요." 그래요, 그럴 거라 확신해요. 말하는 방식, 얼굴, 몸, 행동, 그리고 민감한 영혼, 이 모든 것들이 신사라는 것을 증명해 주고 있어. 오, 안 돼, 진정해, 진정해. 그의 주인님이 이 젊은이와 같으면 좋을 텐데. 이상한 기분은 뭐지! 이렇게 빨리 사랑에 빠질 수 있는 자가 있을까? 나는 이 젊은이의 완벽함이 천천히 그리고 눈에 보이지 않는 질병처럼 내 눈 속에 살금살금 기어들어오는 것을 느껴. 어쩔 수 없어. —말볼리오! 이리 오게!

말볼리오가 등장한다.

말볼리오 아가씨, 부르셨습니까?

올리비아 건방진 심부름꾼, 공작님의 시종을 뒤쫓아가 보거라. 그는 내 뜻과는 상관없이 이 반지를 내게 주고 갔어. 내가 원하지 않는다고 그에게 말해라. (올리비아는 말볼리오에게 반지를 건넨다) 오시노를 격려하거나 어떤 희망의 말도 해주지 말라고 해. 난 그를 좋아하지 않아. 만일 그 젊은 남자가 내일 여기 다시 온다면, 난 그에게 이유를 말할 거야. 서둘러라, 말볼리오.

말볼리오 아가씨, 분부대로 하겠습니다.

말볼리오가 퇴장한다.

올리비아 내가 왜 이러는지 모르겠네. 유감스럽게도 머리가 안 돌아가, 그의 잘생긴 외모에 푹 빠졌나봐. 운명이여, 당신께 맡깁니다. 우리 인간은 자신의 운명을 통제하지 못해요. 어떤 일이 일어날 운명이라면 반드시 일어나고 말지요. 그러니 일어나도록 놔두기를!

올리비아가 퇴장한다.

제2막

사랑이란 무엇인가? 사랑은 미래에 있지 않아요.
재미있게 노는 그 순간에, 사람들은 웃어요.
미래는 불확실해요, 낭비할 시간이 없어요.
20대로 와서 키스해줘요. 영원히 젊지는 않을 테니.

(3장: 광대의 노래 중에서)

1장

일리리아의 해변

안토니오와 세바스찬이 등장한다.

안토니오 더 이상 체류하지 않겠다는 말이야? 내가 따라가는 것을 원하지 않는 거야?

세바스찬 아니, 넌 그냥 여기 있는 게 좋겠어. 내 운이 지금은 그다지 좋지 않아서 너한테 영향을 줄지도 몰라. 그러니 그냥 작별 인사를 하고 나쁜 일은 혼자 부딪힐게. —그렇지 않으면 자네가 날 위해 해준 모든 것에 대해 별로 감사하지 않을 것 같네.

안토니오 적어도 어디로 가는지는 말해 주게.

세바스찬 솔직히 말할 수 없어. 난 그저 특정한 목적지 없이 떠돌아다닐 거야. 하지만 자네는 내가 하고 싶지 않은 말을 하라고 강요하지 않을 것을 알기에, 내가 말할 수 있는 만큼은 말하려고 해. 그동안 나를 로데리고라고 알려줬지만 사실 내 이름은 세바스찬이야. 아버지는 자네도 들어본 적이 있을 메사라인의 세바스찬이셨어. 아버지는 나와 쌍둥이 여동생을 남기고 돌아가셨어. 만약 하느님이 허락하셨다면, 우리가 같은 시간에 죽었을 텐데! 그러나 자넨 그런 일을 허락하지 않았어. 자네가 파도에서 나를 끌어내기 한 시간 전에 이미 내 여동생은 익사했어.

안토니오 얼마나 비극적인가!

세바스찬 많은 사람들이 나와 여동생이 닮았다고들 말하지만, 여동생은 아름답기로 소문이 나있었네. 사람들이 그녀의 아름다움에 관해 말했던 모든 것을 믿지는 않지만 여동생이 아름다운 마음을 가졌다고는 감히 말할 수 있네. 그녀를 질투하는 사람들조차도 인정했으니 말이야. 그녀는 짜디짠 바닷물에 빠져 죽은 거야, 그리고 지금 나는 또다시 내 눈물 속에 동생에 대한 모든 기억을 익사시키려 하고 있어.

안토니오 내가 더 좋은 친구가 못되어 미안하네.

세바스찬 오, 안토니오, 자네에게 너무 많은 수고를 끼쳐서 미안하네.

안토니오 난 자네를 많이 아끼네. 우리가 함께 할 수 있도록 내가 자네의 하인이 되고 싶네. 만약 허락하지 않는다면 자네가 나를 죽이게 될 걸세.

세바스찬 내 마음을 아프게 하고 싶지 않다면, 지금 당장 작별 인사를 하게나. 난 자네를 많이 좋아하네. 나의 어머니가 우는 것처럼, 난 정말로 울고 싶다네. 난 오시노의 저택으로 갈 걸세. 잘 있게.

세바스찬이 퇴장한다.

안토니오 행운을 빌겠네. 오시노의 저택에 내 적들이 많이 없다면, 난 자네와 함께 갈 걸세. 그러나 누가 신경 쓰겠어. 난 자네에게 푹 빠져있어서 어떤 위험도 나를 괴롭히지 못할 거라는 생각이 드네. 어쨌든 가겠네.

안토니오가 퇴장한다.

2장

거리

남장을 한 바이올라가 뒤따라오는 말볼리오와 함께 등장한다.

말볼리오 실례합니다, 방금 올리비아 아가씨 댁에 왔던 분이 아닌 가요?

바이올라 네, 그렇습니다. 아가씨 저택을 떠나 보통 걸음으로 이곳까지 왔습니다.

말볼리오 아가씨께서 이 반지를 돌려드리라고 하십니다. 직접 가지고 갔었더라면 내가 이런 수고를 하지 않았을 텐데요. 아가씨께서는 당신이 주인님께 명확하게 전해주기를 원하십니다. —아가씨께서 그와 아무 관계도 원하지 않으니, 다시는 주인님을 대신해서 오지 말라고 하십니다. 다시 돌아와서 주인님이 나쁜 소식에 어떻게 반응했는지 말하고 싶지 않다면 말입니다. 여기, 반지를 가져가세요.

바이올라 아가씨께서 그 반지를 나한테 받으셨다고요. 그럼 난 그걸 되돌려 받지 않을 거예요.

말볼리오 당신은 버릇없이 아가씨에게 반지를 내던졌소, 그리고 아가씨는 당신이 다시 반지를 가져가기를 원하오. (그는 반지를 던져 버린다) 몸을 굽혀 반지를 들어 올릴 가치가 있다면, 주워 가시오. 그렇지 않으면 누구든 가져갈 수 있을 테니.

말볼리오가 퇴장한다.

바이올라 난 아가씨에게 어떤 반지도 주지 않았어요. 도대체 무슨 말을 하는 거예요? 제발 아가씨가 나에게 반하지 않기를! 아가씨가 나를 많이 쳐다본 것은 사실이에요. 솔직히 말하면, 아가씬 나에게서 눈을 떼지 못했어요. 산만해 보였고, 말도 제대로 하지 못했어요. 오, 정말로 아가씨가 날 사랑한다는 생각이 들어요. 그녀는 나에게 다시 오라고 전하기 위해서, 직접 오는 것은 무분별한 행동이기에, 직접 오는 대신에 무례한 심부름꾼을 보낸 것 같군요. 그녀는 오시노의 반지를 원하지 않아요! 오시노는 결코 아가씨에게 반지를 보낸 적이 없어요. 그녀가 원하는 사람은 바로 나예요. 만약 그게 사실이라면, 그녀는 차라리 꿈을 사랑하는 게 더 나을 거예요, 가련한 아가씨. 이제 난 변장이 좋지 않다는 것을 알았어요. 변장은 악마가 활동하도록 돕고 있어요. 잘생겼으나 부정직한 남자가 여자들을 자신과 사랑에 빠지게 하는 것은 너무 쉬워요. 그건 우리의 잘못이 아니에요—우리 여성들은 연약해요. 이렇게 타고난 걸 어떻게 하냐고요. 아, 이 모든 일이 앞으로 어떻게 될까? 내 주인님은 그녀를 사랑해요. 그리고 가엾게도 난, 주인님이 아가씨를 사랑하는 것만큼 주인님을 사랑해요. 그리고 아가씬 날 사랑한다는 착각에 빠져있어요. 이 상황을 어떻게 해결할 수 있을까요? 지금 난 남자로 되어 있어서 공작님에 대한 나의 사랑은 가망이 없어요. 그리고 난 실제로 여자에요—너무 안타깝게도 여자이기 때문에—나를 향한 올리비아의 사랑 또한 가망이 없어요. 오, 오로지 시간만이 이 뒤죽박죽인 상황을 해결할 수 있겠죠. 나 혼자서는 해결할 수가 없어요!

바이올라가 퇴장한다.

3장

올리비아의 저택

토비 벨치 경과 앤드루 경이 등장한다.

토비 벨치 경 이리로 오게, 앤드루 경. 자정이 넘었는데 깨어있다는 건, 아침 일찍 일어난 것이나 다름이 없겠지. 의사들은 말해, 아침 일찍 일어나는 것은 건강에 좋다고.

앤드루 경 난 의사들의 말 따윈 몰라. 내가 아는 것은 늦게까지 깨어있다는 것은 늦게까지 잠을 자지 않았다는 것이야.

토비 벨치 경 결론이 틀렸어. 빈 술잔을 싫어하는 것만큼, 자네의 논리는 내 맘에 안 들어. 자정 이후에 깨어있다는 건, 자정 이후, 즉 몹시 이른 아침에 잔다는 거야. 그러므로 일찍 잠을 자는 것과 같은 것이야. 모든 생명체는 네 가지 요소, 즉 땅, 물, 불, 그리고 공기로 이루어졌잖은가?

앤드루 경 그건 사람들이 하는 말이고 난 생명은 음식과 술로 구성되었다고 생각하네.

토비 벨치 경 역시 자넨 똑똑한 사람이야. 그러니까 우린 먹고 마셔야 해. 마리아! 술 좀 가져와!

광대가 등장한다.

앤드루 경 이봐, 저기 광대가 와.

광대 안녕하십니까, 두 분 선생님들! 바보 셋이 모인, 환상의 그림이네요.

토비 벨치 경 안녕, 바보. 노래 한가락 뽑아 주게나.

앤드루 경 장담컨대, 이 광대는 탁월한 목청을 가졌어. 저 광대의 멋진 다리와 아름다운 목소리를 가질 수 있다면 40실링을 기꺼이 줄 수 있을 텐데. (광대에게) 지난밤에 피그로그래미투스Pigrogromitus와 비피안들(Vapians)이 큐브스Queubus의 춘분점을 통과했다는 점성술에 관한 허튼 이야기가 매우 재미있었네. 아주 즐거웠어. 여자 친구에게 쓰라고 얼마의 돈을 자네에게 보냈네. 받았는가?

광대 당신은 어차피 그 돈으로 당신의 말을 채찍질하는 말볼리오의 코를 움켜잡을 수 없을 거예요. 그래서 당신이 준 그 돈을 여자 친구에게 줬어요. 내 여자 친구의 손은 정말로 하얗고 아름다워요. 당신도 알다시피, 위대한 전사들은 조그만 음식점에서 식사나 하는 그런 사람들이 아니잖아요.

앤드루 경 하, 하! 네가 허튼소리 할 때 난 정말 좋아—그게 바로 광대들이 해야 하는 일이야. 이제, 우리를 위해 노래해보게.

토비 벨치 경 (광대에게 돈을 주며) 그래, 불러 봐. 6펜스야. 노래 한 곡 들어보세.

앤드루 경 (광대에게 돈을 주며) 나도 자네에게 돈을 줄게. 기사 체면에 가만있을 수야—

광대 사랑 노래를 듣고 싶어요? 아니면 훌륭한 인생에 관한 노래를 듣고 싶나요?

토비 벨치 경 사랑 노래, 사랑 노래.

앤드루 경 좋아, 좋아. 난 착하게 사는데 관심 없어.

광대 (노래한다)

오 내 사랑, 어디를 배회하시나요?
가는 걸음 멈추고 들으소서!
당신의 진정한 사랑이 가고 있어요,
높고 낮은 가락의 사랑 노래를 잘 부를 수 있는 사람이:
더 이상 방황하지 말아요, 예쁜 자기야.
당신의 여정은 연인을 만나야 끝나요,
너도 알고 나도 알고 모두가 알듯이.

앤드루 경 훌륭해, 정말로 훌륭해.

토비 벨치 경 좋아, 아주 좋아.

광대 (노래한다)

사랑이란 무엇인가? 사랑은 미래에 있지 않아요.
재미있게 노는 그 순간에, 사람들은 웃어요.
미래는 불확실해요, 낭비할 시간이 없어요.
20대로 와서 키스해줘요. 영원히 젊지는 않을 테니.

앤드루 경 아름다운 목소리야, 정말로.

토비 벨치 경 광대의 입에서 악취가 나.

앤드루 경 그래, 매우 달콤하게 악취가 풍겨.

토비 벨치 경 코로 그의 노래를 듣는다면, 분명히, 우린 아주 달콤한 냄새를 풍긴다고 말할 거야. 그럼 하늘을 흔들 만큼 크게 노래를 부른다면, 뭐라고 말할까? 올빼미를 깨우기 위해 돌림 노래를 불러야 한다면, 뭐라고 말할까? 우리가 노래를 부른다면, 뭐라고 말할까?

앤드루 경 한번 해보세. 난 훌륭한 가수야, 개처럼 돌림 노래를 부를 수 있어.

광대 그렇다면 당신은 따라 부르기 쉬운 노래를 잘할 것 같네요. 개들은 잡기를 좋아하니까요.

앤드루 경 그렇고말고. "이 얼간이"에 맞춰 춤추자.

광대 "닥쳐, 이 얼간이"를 말하는 거예요? 그건 가수들이 서로를 얼간이라고 부르는 노래예요, 맞죠? 그러니 전 어쩔 수 없이 당신을 얼간이라고 부르게 될 거예요, 앤드루 경.

앤드루 경 누군가 날 얼간이라고 부른 건 이게 처음이 아니야. 먼저 시작해, 광대야. "닥쳐"부터 시작해.

광대 내가 입을 다물면 결코 시작할 수가 없어요.

앤드루 경 맞아, 그러니 어서 시작하게.

그들은 노래한다.

마리아가 등장한다.

마리아 당신들은 여기서 엄청난 소란을 피우고 있군요. 올리비아 아가씨가 자기 하인인 말볼리오에게 당신들을 집 밖으로 내쫓으라고 했어요. 사실임을 맹세할 수 있어요.

토비 벨치 경 올리비아 아가씨는 아무리 잘 보살펴줘도 나를 떠날 수 있어. 우린 대우 똑똑한 사람들이야, 그리고 말볼리오는 리틀 보 핍Little Bo Peep*이야.

(그는 노래한다)

우린 다만 재미있게 놀고 있어요.
—난 이래 봬도 그녀의 친척이 아닌가요,
우린 친척이 아닌가요? 엉터리, "아가씨!"

토비 벨치 경 (노래한다)

바빌론에 한 남자가 살았어요, 아가씨, 아가씨!

* 전래동화에서 양치기소년을 의미한다.

광대 으악, 기사 양반은 바보 같은 행동에 아주 능숙하셔.

앤드루 경 맞아, 그는 기분 좋으면 아주 잘해. 나 역시 그래. 그는 연습을 아주 많이 했어, 그래서인지 좀 더 자연스럽게 느껴지는군.

토비 벨치 경 (노래한다)

십이월 십이일에

마리아 제발, 조용히 하세요!

말볼리오가 등장한다.

말볼리오 당신들, 모두 미친 거예요? 대체 이게 무슨 일이에요? 이 오밤중에 시끄럽게 구는 이유가 뭐예요? 매너가 없어서인가요? 아니면 어리석어서인가요? 아가씨 댁을 선술집으로 만들려고 작정한건가요? 그래서 시끄럽게 이런 우스꽝스러운 저속한 노래들을 내뱉는 거예요? 최소한의 존중심도 없단 말입니까?

토비 벨치 경 우린 이 노래의 박자를 존중했어요, 집사님. 그러니 입 닥쳐!

말볼리오 토비 경님, 솔직히 말씀 드릴게요. 친척이기 때문에 아가씨께서 당신을 자신의 집에 머무르도록 허락은 하셨는데, 당신의 행동이 못마땅하다고 말씀드리라고 하셨어요. 당신의 행동이 나아진다면 환영이지만 나아지지 않는다면, 떠나는 것이 좋을 겁니다. 아가씨께서는 기꺼이 당신에게 작별 인사를 할 것입니다.

토비 벨치 경 (그는 노래한다)

잘 자, 자기야, 이제 갈게.

마리아 그만두세요, 토비 경님.

광대 (노래한다)

눈만 봐도 알 수 있네, 삶이 얼마 남지 않았음을.

말볼리오 이렇게 되는 건가?

토비 벨치 경 (노래한다)

하지만 난 절대 죽지 않을 거야.

광대 (노래한다)

토비 경, 그건 거짓말이지.

말볼리오 이렇게 노는 걸 보니 당신들 정말로 멋져 보여요.

토비 벨치 경 (노래한다)

저자에게 가라고 말할까요?

광대 (노래한다)

당신이 하면 어떨까?

토비 벨치 경 (노래한다)

저자에게 가라고 말할까요? 그럼 너무 가혹한가요?

광대 (노래한다)

오 안 돼, 안 돼, 안 돼, 안 돼, 그러기만 해봐.

토비 벨치 경 음이 맞지 않아, 이 광대야. 넌 틀렸어. (말볼리오에게) 넌 여기서 하인에 지나지 않아. 네가 도덕군자인 척하는 사람이기 때문에 어떤 사람도 자신을 즐길 수 없다고 생각하는 거야?

광대 분명히 그럴 거예요. 두 배로 그럴 거예요.

토비 벨치 경 맞아. (말볼리오에게) 가서 관리인의 체인이나 닦으시지, 이 양반아. 마리아, 술 좀 갖다 줘!

말볼리오 마리아 양, 올리비아 아가씨가 당신을 어떻게 생각하는지 신경 쓰인다면, 당신은 이런 무례한 행동을 도와선 안 되지. 아가씬 분명히 알게 될 테니까.

말볼리오가 퇴장한다.

마리아 가서 귀나 흔드시죠!

앤드루 경 어떻게든 그 사람을 웃음거리로 만드는 것이 난 가장 좋아. 그에게 결투를 신청하고 나타나지 않는 거야. 그게 바로 속임수지.

토비 벨치 경 그렇게 해. 자네를 대신해서 그에게 결투 신청을 하는 편지를 쓸게. 아니면 그의 면전에 대고 너를 비난할거야.

마리아 토비 씨, 오늘밤에는 경솔한 행동을 하지 마세요. 공작님의 심부름꾼이 방문한 이후로 올리비아 아가씨는 몹시 화가 나 있어요. 몬시에르 말볼리오에 관한 일은, 제게 맡겨요. 그를 처리할게요. 그를 바보로 만들 테니 절 믿어 줘요. 그의 어리석음을 만천하에 알리면 모두가 그를 비웃을 거예요. 난 할 수 있어요.

토비 벨치 경 그에 대해 말해주게. 어서, 뭐라도 말해줘.

마리아 음, 때때로 그는 도덕군자인 것처럼 행동해요.

앤드루 경 오, 그래서 그를 패주고 싶단 말이야!

토비 벨치 경 착한척한다는 이유로 그를 때려줄 거라고? 특별한 이유가 뭔가, 정말로?

앤드루 경 특별한 이유는 없지만 충분한 이유는 있어.

마리아 그는 사실 순수하지도 착하지도 않아요. 교만한 아첨꾼이죠. 그는 또 귀족처럼 말하고 행동하기를 갈망하는 허세 가득한 사람이에요. 그는 거만하고, 자신은 훌륭한 자질들로 가득 차 있기 때문에, 모든 사람이 자신을 좋아한다고 생각해요. 바로 이 점이 제가 그에게 복수하기 위해 사용할 약점이에요.

토비 벨치 경 어떻게 할 건데?

마리아 그자가 잘 다니는 길목에 기이한 연애편지를 떨어뜨릴 거예요. 그는 그 편지가 자신의 것이라고 생각할 거예요. 왜냐면 편지에 그의 턱수염, 그의 다리 모양, 걷는 방식, 그리고 그의 얼굴 표정을 묘사할 것이기 때문이에요. 제 글씨체를 올리비아 아가씨의 글씨체와 똑같이 할 수 있어요: 아가씨와 저도 서로의 필체를 구별할 수 없거든요.

토비 벨치 경 좋아요! 좋은 속임수처럼 들리는 군요.

앤드루 경 나도 좋아요.

토비 벨치 경 그는 올리비아가 이 편지들을 보낸 거라고 여기며 그녀가 자신을 사랑한다고 생각할 거야.

마리아 네, 그게 바로 제 생각이에요.

앤드루 경 그는 완전 바보 천치처럼 보일 거야.

마리아 그렇고말고요, 지지리 못난 바보니까요.

앤드루 경 아주 멋지겠는걸!

마리아 아주 재미있을 거예요. 두고 보세요, 제 처방이 그에게 효력이 있을 거라는 것을 알거든요. 두 분은 숨어서 구경이나 하세요—그 바보가 편지를 어디서 찾을지 말이에요. 그의 반응을 지켜보세요. 이제 잠자리에 들어 이것에 관한 꿈을 꾸세요. 그럼 안녕히 주무세요.

마리아가 퇴장한다.

토비 벨치 경 잘 자게, 이 놀라운 여자여.

앤드루 경 정말 멋진 여자야, 아주 좋아.

토비 벨치 경 그녀는 착한 여자야, 그리고 나를 흠모해. 그게 어쨌단 말이야?

앤드루 경 누군가도 한때 날 좋아한 적이 있었지.

토비 벨치 경 자러 갑시다, 기사 양반. 내일 자넨 더 많은 돈을 가져올 필요가 있을 것 같은데.

앤드루 경 나와 결혼하도록 자네 질녀를 설득하지 못한다면, 난 심각한 재정적 문제에 직면하게 될 걸세.

토비 벨치 경 수중에 돈 좀 지니게, 그러면 만사가 다 잘 될 걸세. 자네가 결국 올리비아를 이길 거라는 사실을 난 아네.

앤드루 경 나도 그럴 거란 걸 알아. 그것이 내가 하는 마지막 일일지라도.

토비 벨치 경 가세, 셰리주 한 잔 따끈하게 데워줄게. 이제 자기엔 늦었어. 자 가세, 나의 친구. 가시게나.

그들이 퇴장한다.

4장

공작의 궁궐

오시노, 바이올라, 큐리오, 그리고 그 밖의 사람들이 등장한다.

오시노 음악 좀 들려다오. (음악이 흐른다) 좋은 아침, 친구들. —지난 밤 누군가가 불렀던 고풍스런 그 노래를 다시 부르게 해라, 세자리오. 그것은 요즘 그들이 부르는 바보 같은 노래들보다 나를 훨씬 기분 좋게 만들고 내 걱정거리를 잊게 했다. 제발, 그들에게 한 구절만이라도 부르게 하라.

큐리오 공작님, 그 노래를 불러야 할 사람이 지금 여기에 없습니다.

오시노 노래를 부른 자가 누구냐?

큐리오 페스테라는 광대입니다, 공작님. 올리비아 아가씨의 아버지가 매우 총애하셨던 광대입니다. 그는 집안 어딘가에 와있을 겁니다.

오시노 가서 찾아오너라. 그 동안, 그 곡을 연주해라.

큐리오가 퇴장한다. 음악이 연주된다.

오시노 (바이올라에게) 이리 오너라, 얘야. 네가 사랑에 빠지고 그것이 가져다주는 씁쓸한 고통을 느끼는 때가 온다면 나를 생각하라. 지금 내가 우울하고 사랑하는 이의 얼굴 외엔 어떤 것도 집중할 수 없는 것처럼 모든 진정한 연인들의 모습도 이와 같기 때문이다. 이 노래를 어떻게 생각하느냐?

바이올라 진실로 사랑하는 연인들의 감정이 느껴집니다.

오시노 네 말이 절대적으로 옳다. 넌 아직 풋내기다만 누군가와 사랑에 빠진 게 분명하구나, 그렇지 않느냐, 얘야?

바이올라 조금 그렇습니다.

오시노 어떤 여자냐?

바이올라 공작님 같은 여인입니다.

오시노 그럼 너에게 적합하지 않다. 몇 살이더냐?

바이올라 공작님만큼 보입니다. 주인님.

오시노 나이가 너무 많구나. 여자는 항상 자기보다 나이 많은 남자를 골라야 한다. 그래야 남편이 원하는 것에 순응할 것이고, 남편은 그녀를 행복하게 해줄 것이며 충실할 것이다. 우리 남자들이 아무리 자랑하기를 좋아한다고 해도, 사실은 우리 남자들이 여자들보다 마음을 더 많이 바꾸고, 우리의 욕망 또한 여자들보다 변화무쌍하다.

바이올라 맞는 말씀이라고 생각합니다, 공작님.

오시노 그러니 사랑할 젊은 여인을 찾아라, 그렇지 않으면 너의 감정을 지속할 수 없을 것이다. 여성들은 장미와 같다: 여성들의 아름다움은 활짝 피는 찰라, 벌써 시들기 시작하기 때문이다.

바이올라 맞습니다. 아름다움이 완벽에 이르자마자 사라지다니 얼마나 안타까운지요!

큐리오와 광대가 등장한다.

오시노 이보게, 지난밤에 불렀던 노래를 우리에게 불러다오. ―잘 들어봐라, 세자리오, 단순하고 고풍스런 노래야. 실 잣는 사람들과 뜨개질 하는 사람들이 바느질을 하며 그 노래를 부르곤 했다. 처녀들은 옷감을 짜면서 그 노래를 불렀지. 그것은 마치 옛날처럼, 순수한 사랑에 대한 단순한 진실을 말해준단다.

광대 불러볼까요, 공작님?

오시노 그래 제발, 불러다오.

음악이 연주된다.

광대 (그는 노래한다)

어서, 나를 죽여줘
그리고 내 몸을 어두운 관에 넣어줘.
내 숨이 떠나는 걸 느껴.
아름다운 소녀가 내 목숨을 앗아갔어.
주목나무의 잔가지로 장식된,

하얀 수의를 준비해줘.
난 여태까지 산 자와 죽은 자 중에서,
가장 충실한 사람이야.
내 검은 관 위에,
향기로운 꽃을 뿌리지 마.
내 친구들에게,
내 초라한 시체를 보게 하지 마.
슬픈 한숨소리를 듣고 싶지 않아,
그러니 슬픈 연인들이 슬픔에 잠긴 내 무덤을
찾을 수 없는 곳에 나를 묻어줘!

오시노 (광대에게 돈을 건네주며) 수고비를 받게나.

광대 수고라고 할 것까진 아니에요, 공작님. 제가 노래를 좋아하거든요.

오시노 그렇다면 네가 좋아하는 것을 한 대가를 지불해야겠구나.

광대 음, 그렇다면, 좋아요. 조만간 우리 모두가 좋아하는 것을 한 대가를 지불하기로 해요.

오시노 이제 가도 좋다.

광대 슬픔의 신께서 공작님을 보호해 주시기를 기도할게요, 나리. 그리고 재단사가 색이 변하는 직물로 공작님의 옷을 만들어 주기를 바랍니다. 왜냐면 공작님의 마음은 끊임없이 색깔을 변화시키는 안경과 같기 때문이에요. 공작님처럼 변화무쌍한 사람들은 모두 바다를 떠돌아다녀야 합니다. 왜냐면 바다에서 어떤 일이 닥치더라도 그들은 할 수 있고, 조류가 그들을 데려가는 곳은 어디든지 갈 수 있기 때문이에요. 그들은 여행을 항상 성공적으로 하는 사람들이에요. 안녕히 계십시오.

광대가 퇴장한다.

오시노 모두들 가도 좋소.

큐리오와 수행원들도 퇴장한다.

오시노 세자리오, 그 잔인한 올리비아를 다시 한 번 방문해라. 그녀에게 내 사랑은 이 세상에서 가장 순수하고 그녀의 재산과는 아무 상관이 없다고 말해 주거라. 그녀가 물려받은 재산 때문에 내가 그녀를 소중하게 여기는 것은 아니거든. 나를 매료시키는 것은 바로 그녀의 풍부하고 보석 같은 아름다움이야.

바이올라 하지만 도저히 공작님을 사랑할 수 없다면 어떻게 하죠?

오시노 그 대답은 인정할 수 없어.

바이올라 하지만 받아들이셔야 합니다. 공작님이 올리비아 아가씨를 사랑하는 것만큼 강력하고 고통스럽게 공작님을 사랑하는 어떤 숙녀분이 있다고 상상해 보세요. 하지만 공작님은 그녀를 사랑할 수 없어요, 그러면 공작님 또한 그렇게 그녀에게 말해야 하잖아요. 그녀는 그것을 받아들여야 하지 않겠어요?

오시노 내가 느끼는 강렬한 열정을 참을 만큼 강한 여자는 없어. 내 모든 사랑을 담을 만큼 큰마음을 가진 여자는 없어. 여성들은 그렇게 사랑을 느끼지 않아. —여성들의 사랑은 식욕만큼 천박해. 여성들의 사랑은 마음과는 아무 상관이 없어, 단지 미각과 같을 뿐이야. 여성들은 너무 많이 먹어서 때로는 소화불량에 걸려 메스꺼워하기도 하지. 하지만 내 사랑은 달라. 내 사랑은 바다만큼 온 마음을 다 빼앗고도 만족할 줄 모르며, 바다가 할 수 있는 한 많이 삼키듯 모든 것을 삼켜버릴 수 있어. 한 남성을 사랑하는 여성의 사랑과 올리비아에 대한 내 사랑을 비교하지 말게.

바이올라 네, 하지만 제가 아는 바로는—

오시노 뭘 안단 말이냐?

바이올라 전 여자들이 남자들에게 느낄 수 있는 사랑에 대해 많이 알아요. 사실 여자들의 마음은 우리 남자들만큼 예민하고 충성스러워요. 제 아버지는 딸이 한 명 있어요. 내가 만일 여자라면, 당신을 사랑할 수 있었을 바로 그 방법으로 한 남자를 사랑한 딸 말입니다.

오시노 그럼, 그녀의 이야기는 무엇이지?

바이올라 이야기는 없어요, 공작님. 그를 사랑한다고 그녀가 결코 말하지 않았기 때문이에요. 그녀는 사랑이 자신을 파멸시키고,

자신의 아름다움을 망칠 때까지 가슴속에 그 사랑을 담아 두었죠. 그녀는 그리움으로 여위어 갔어요. 그녀는 슬픔에도 불구하고 그저 참을성 있게 앉아서 웃고 있었어요. 그녀는 우울증으로 안색이 초록빛으로 변했어요. 진정한 사랑처럼 들리지 않나요? 우리 남자들은 더 많은 말을 하고 더 많은 약속을 할지도 몰라요. 사실상 우리는 실제로 느끼는 것 이상으로 말을 하지요. 우리가 서약을 하는 것도 대단할 수는 있지만 우리의 사랑은 진심이 아니에요.

오시노 그런데도 네 누이는 사랑 때문에 죽었단 말이냐?

바이올라 아버지의 혈통은 이제 저밖에 없답니다.—하지만 완벽하게 확신할 수는 없어요. 어쨌든, 공작님, 제가 그 아가씨를 만나러 가야 하나요?

오시노 그래, 빨리 가서 그녀에게 이 보석을 전해 주어라. 그녀에게 내 사랑은 식지않을 것이고 포기하지 않을 거라고 말해라. (그는 그녀에게 보석을 건넨다)

그들은 퇴장한다.

5장

올리비아 저택에 있는 정원

토비 벨치 경, 앤드루 경, 그리고 페이비언이 등장한다.

토비 벨치 경 같이 갑시다, 페이비언 씨.

페이비언 당연히 가지요, 걱정 마세요. 이것을 놓친다면, 차라리 끓는 물속에서 내 삶을 연명하는 거나 다름없지요.

토비 벨치 경 그 개같은 악당이 창피를 당하는 것을 보면 기쁘지 않겠나?

페이비언 짜릿한 기분이 들 것 같아요. 내가 여기서 곰 사냥을 준비할 때, 그는 아가씨 댁의 시녀와 함께 나를 곤경에 빠뜨린 적이 있거든요.

토비 벨치 경 우린 단지 그의 화를 돋우기 위해 또 다른 곰 사냥을 준비할 걸세. 그가 붉으락푸르락할 때까지 골려줄 거야. 같이 하지 않을래, 앤드루 경?

앤드루 경 그렇게 하지 않으면, 평생 한이 될 것 같은데.

토비 벨치 경 여기 작은 악당이 온다.

마리아가 등장한다.

토비 벨치 경 잘 있었는가, 나의 소중한 아가씨?

마리아 세 분 모두, 회양목 울타리 뒤에 숨으세요. 말볼리오가 이리로 오고 있어요. 그는 저쪽에서 어떻게 행동해야 되는지를 30분 동안이나 연습하고 있어요. 재미있게 즐기고 싶다면 잘 지켜봐요, 여러분들. 이 편지는 그를 눈이 먼 바보 얼간이로 만들어 버릴 거예요. 자 숨어요, 제발!

그들 모두가 숨는다.

마리아 이제, 당신들은 저기 길 위에 누워요. (마리아가 편지를 던진다) 여기 우리의 미끼를 집어삼켜 버릴 물고기가 와요.

마리아가 퇴장한다.

말볼리오가 등장한다.

말볼리오 모두가 운이 좋아. 만사가 행운이야. 언젠가 마리아는 나에게 올리비아가 나를 좋아한다고 말했어. 올리비아 자신도 그렇게 말하는 것을 난 들은 적이 있는 것 같아. 그녀는 만약에 누군가를 좋아하게 된다면, 그것은 나를 닮은 사람일 것이라고 말했어. 게다가, 그녀는 다른 하인들보다 나를 더 정중하게 대하잖아. 그것으로 유추할 수 있는 명백한 결론이 무엇일까?

토비 벨치 경 (속삭이듯) 정말 자기중심적이군!

페이비언 (속삭이듯) 쉬잇! 그가 홀로 자기 생각 속에 빠져있을 땐, 심지어 거만한 공작새 같아요. 뽐내며 걷는 것 좀 봐요!

앤드루 경 (속삭이듯) 저 얼간이를 세게 패주고 싶어, 정말로!

토비 벨치 경 (속삭이듯) 조용히 해!

말볼리오 잠깐만, 내가 말볼리오 백작이 될 수도!

토비 벨치 경 (속삭이듯) 오, 뭐 저런 인간이 다 있어!

앤드루 경 (속삭이듯) 그를 쏴, 그를 쏘라고!

토비 벨치 경 (속삭이듯) 쉬, 쉬잇!

말볼리오 결국, 이와 같은 일이 일어난 것은 처음이 아니지. 전례가 없는 것도 아니네. 스트라치 여사는 의상 담당 메니저와 결혼했잖아.

앤드루 경 (속삭이듯) 젠장, 건방진 바보 같은 놈!

페이비언 (속삭이듯) 쉿! 우리가 원하는 바로 그 위치에 도착했어. 그는 대단한 자아도취에 빠져있어.

말볼리오 그녀와 결혼한 지 3개월 만에 당당하게 백작의 위치에 앉아 있는—나만 생각하자.

토비 벨치 경 (속삭이듯) 그의 눈을 쏠 수 있는 새총이 있었다면!

말볼리오 올리비아가 수놓은 옷을 입은 채 자고 있어, 자고 있는 올리비아를 두고 침상에서 나와 내 하인들을 불러 모은다고 상상해보자—

토비 벨치 경 (속삭이듯) 더 이상은 못 참겠어!

페이비언 (속삭이듯) 아, 조용히 좀 해, 조용히 하라고!

말볼리오 그러고 나서 나는 거만하고 기고만장한 표정을 지어봐야지. 방을 차분하게 둘러보고 나서 내 위치를 알고 있다고 말해줘야지. 그리고 그들에게도 그들의 위치를 알려주고 내 사촌 토비 경을 찾아오라고 해야겠어.

토비 벨치 경 (속삭이듯) 더 이상은 정말로 못 참겠어!

페이비언 (속삭이듯) 오, 조용히 해, 조용히 하라고! 제발, 제발.

말볼리오 난 그를 찾아오라고 하인 일곱 명을 보내는 거야. 그리고 기다리는 동안, 초조하게 눈살을 찌푸리고, 아마도 시계태엽을 감거나, 또는 걸치고 있는 비싼 보석을 우연히 만지작만지작거리겠지. 그때 토비는 나에게 다가와 정중히 인사를 하겠지.

토비 벨치 경 (속삭이듯) 저 사람을 살려둘 건가요?

페이비언 (속삭이듯) 네, 우리는 조용히 해야만 해요, 비록 고문이긴 하지만.

말볼리오 평소 때의 다정한 미소 대신 그를 엄격하게 쳐다보면서 이렇게 손을 내밀어야겠어.

토비 벨치 경 (속삭이듯) 그러면 토비가 당신 입에 주먹을 날리지 않겠나?

말볼리오 그리고 이렇게 말해야지, "사촌 토비, 난 당신 조카와 결혼할 만큼 운이 좋아, 자네에게 몇 가지를 말할 수 있는 권리가 있다네—"

토비 벨치 경 (속삭이듯) 오, 그래, 예를 든다면?

말볼리오 "당신은 술 취하는 걸 그만둬야 해."

토비 벨치 경 (속삭이듯) 여기서 나가, 이 죽일 놈아!

페이비언 (속삭이듯) 아니, 조용히 하세요, 그러지 않으면 저렇게 우스운 재밋거리를 망치고 말 거예요.

말볼리오 "그리고 자넨 그 바보 같은 기사와 시간을 낭비하고 있어."

앤드루 경 (속삭이듯) 나를 두고 하는 말이야, 틀림없어.

말볼리오 "앤드루 경 말이에요—"

앤드루 경 (속삭이듯) 저자가 내 얘기를 하고 있다는 것을 알지. 많은 사람들이 나를 바보라고 부르거든.

말볼리오 (편지를 보면서) 이게 뭐지?

페이비언 (속삭이듯) 미끼에 걸려들었어.

토비 벨치 경 (속삭이듯) 쉿! 더 큰소리로 읽어 주기를, 그럼 더 웃길 텐데!

말볼리오 (편지를 집어 들며) 이건 틀림없는 아가씨의 필적이야! 이것들은 아가씨의 C자, U자, 그리고 T자야. 이것은 아가씨가 대문자 P를 쓰는 방법이야. 틀림없이 아가씨의 필체야, 의심의 여지가 없어.

앤드루 경 (속삭이듯) 그래 아가씨의 C자, U자, 그리고 T자다. 왜 이 글자에 집중하는 거지?

말볼리오 (읽는다) "내가 사랑하는지 모르는 나의 사랑하는 사람에게,

난 온 마음을 다해 이 편지를 당신에게 보냅니다."—이것은 정확히 아가씨의 말투야! 실례한다, 봉랍아. (봉투를 뜯는다) 가만 있자! 이건 아가씨께서 편지에 붙이는 우표야—루크레스 사진이 있는 바로 그 우표. 이 편지는 올리비아 아가씨께서 보낸 거야. 누구에게 보낸 걸까?

페이비언 (속삭이듯) 이젠 완전히 걸려든 것 같아.

말볼리오 (읽는다) 신은 알거야 내가 누군가를 사랑한다는 것을, 하지만 누구지? 나는 입술로 그의 이름을 말할 수 없어; "누구도 알아서는 안 돼."

말볼리오 "누구도 알아서는 안 돼."라고. 그다음엔 뭐지? 어디보자, 운율이 바뀌잖아. "누구도 알아서는 안 돼." 만약 이 누군가가 너라면 어쩌지, 말볼리오?

토비 벨치 경 (속삭이듯) 목매달아 죽어라, 이 역겨운 오소리야!

말볼리오 (읽는다)

"난 내가 사랑하는 사람에게 명령할 수도 있어.
그러나 침묵은 칼처럼 내 마음을 찢어 놓는다.
피 흘리지 않는 뇌졸중으로 말이야
M. O. A. I가 내 생명을 지배하는구나."

페이비언 (속삭이듯) 얼마나 가식적인 수수께끼인가!

토비 벨치 경 (속삭이듯) 마리아는 잔꾀가 넘치는 여성이야!

말볼리오 "M. O. A. I가 내 생명을 지배해." 흠, 어디 보자, 어디 보자, 어디 보자.

페이비언 (속삭이듯) 말볼리오를 골탕 먹일 끝내주는 독약이야!

토비 벨치 경 (속삭이듯) 그가 얼마나 미끼를 덥석 무는지 보자고.

말볼리오 "내가 사랑하는 사람에게 명령할 수도 있어." 그렇지, 그녀는 나에게 명령해. 난 그녀의 하인이야. 그녀는 나의 주인이야. 그래, 누구라도 이것이 무엇을 의미하는지 알 수 있어. 여기에는 모호함이 전혀 없어. 그러나 마지막으로, 저 글자들은 무엇을 의미하지? 어떻게든 그 글자들과 나를 연관시킬 수 있다면! 흠. M. O. A. I.—

토비 벨치 경 (속삭이듯) 오, 형편없는 개야.—단서가 되는 냄새를 못 맡고 있어.

페이비언 (속삭이듯) 아무리 냄새가 고약하더라도 그는 다시 찾아 낼 거예요.

말볼리오 'M'은—말볼리오! 'M'—이건 내 이름의 머리글자야.

페이비언 (속삭이듯) 그가 알아낼 거라고 제가 말했죠? 이 개는 잘못된 단서를 찾는데 아주 능숙하단 말이야.

말볼리오 'M' 그렇다 치고, 다음 글자는 다르네. 'A'가 다음에 와야 하는데, 대신에 'O'가 온단 말이야.

페이비언 (속삭이듯) 올가미처럼 'O'로 끝나면 좋으련만.

토비 벨치 경 (속삭이듯) 그래, 그렇지 않으면 내가 그를 때려서라도 그가 'O!'라고 소리치게 할 거야.

말볼리오 그다음은 'I'가 온단 말이야.

페이비언 (속삭이듯) 머리 뒤쪽에 'I'가 있다면, 당신은 뒤에 있는 문제를 볼 수 있겠지.

말볼리오 M. O. A. I. 이 코드는 다른 코드만큼 해독하기가 쉽지 않아. 하지만 약간 머리를 쥐어짜면 알 수 있을 것 같기도 해. 이 글자들은 다 내 이름 안에 있어. 가만있자! 시 뒤엔 산문이 있잖아. (그는 읽는다)

"이 편지가 당신 손에 들어가거든, 내용이 무엇을 의미하는지
깊이 생각해주시기 바랍니다. 비록 타고난 신분은 당신보다 높은
위치지만 상전이라고 두려워 마세요. 어떤 사람은 높은 신분으로
태어나고, 어떤 사람은 높은 신분을 성취할 수도 있고,
그리고 어떤 사람들은 높은 신분을 타인으로부터 얻을 수도
있는 법입니다. 당신의 운명은 당신을 기다리고 있어요.
당신의 운명을 몸과 마음으로 받아들이세요. 당신이 곧 살아가게 될
삶에 익숙해지기 위해, 낮은 수준의 의복이나 장식품을 없애세요.
기다리고 있는 고급스러운 생활 방식을 위한 열정을 보여 주세요.
귀족 친척과 다투고, 하인들에게 무례하게 구세요. 정치와 국정에
대해 논하고, 자유롭고 독립적으로 행동하세요.
이렇게 하라고 조언하는 이 여자가 바로 당신을 사랑합니다.
당신의 노란색 스타킹을 칭찬해 주던 여자를 기억해 보세요. 그리고

당신의 다리 위에 십자가 끈을 맨 모습을 항상 보고 싶다고
말한 여성을 기억해 보세요. 반드시 기억해 내세요. 당신이 원하면
행복하고 새로운 삶이 기다리고 있어요. 당신이 원하지 않는다면,
그 앞에서 행복을 거머쥘 만큼 용감하지 못한 천한 하인처럼
행동하세요. 잘 가요. 당신의 하인이 되고자 하는
재산이 많은 불행한 여자가 올립니다."

말보리오 탁 트인 들판의 햇빛만큼 명백히 보여 주는군. 나는 그녀가 말한 대로 할 거야. 자만하고 거만하게 굴자. 난 정치서적을 읽을 거야, 토비 경에게 모욕감을 주고 하층 계급의 친구들을 제거할 거야. 그리고 난 그녀에게 완벽한 사람이 될 거야. 난 알아, 스스로를 속이고 있는 것이 아니라, 상상력에 사로잡혀 있다는 사실을. 왜냐하면 모든 단서는 올리비아가 나를 사랑한다는 사실을 말해주기 때문이야. 그녀는 최근에 내 노란색 스타킹에 대해 칭찬을 해주었고, 내 다리 위로 보이는 십자가 대님 끈이 정말로 좋다고 말했었어. 이게 바로 그녀가 나를 사랑한다고 말하는 그녀의 방식이야. 오, 나의 행운에 감사해. 난 정말 행복해. 그녀를 위해 난 특별한 행동을 할 거고 잘난 체를 할 거야. 그리고 당장 노란 스타킹을 신고 십자가 대님 끈을 맬 거야. 하느님과 나의 별점에 감사해! 여기 추신이 있구나!

(읽는다)

"당신은 내가 누군지 알아냈음에 틀림이 없군요. 날 사랑한다면,
미소로 나에게 알려줘요. 당신은 미소 지을 때 정말 매력적이에요.
당신이 내 곁에 있을 때마다 웃어줘요, 가장 사랑하는 자기."
사랑하는 하느님, 감사합니다! 당신이 원한다면
난 모든 것을 다할 겁니다.

말볼리오가 퇴장한다.

페이비언 페르시아의 왕이 수천 파운드의 연금을 준다 해도 난 이 재밌는 놀이를 내주지 않겠어요.

토비 벨치 경 이런 장난을 짜냈으니 난 마리아와 결혼할 수도 있어.

앤드루 경 나도 그럴 수 있어.

토비 벨치 경 이런 놀이들만 있다면 다른 어떤 지참금도 그녀에게 요구하지 않을 거야.

앤드루 경 나 역시 마찬가지야.

마리아가 등장한다.

페이비언 그녀가 와요, 저 뛰어난 바보 잡이가 와요.

토비 벨치 경 제가 당신의 발에 키스해도 될까요?

앤드루 경 나 역시 가능할까요?

토비 벨치 경 당신의 노예가 되어 드릴까요?

앤드루 경 나도 역시 가능할까요?

토비 벨치 경 말볼리오에게 망상을 심어주었기 때문에 그가 진실을 알게 된다면 아마 미쳐버릴 걸세. 사랑의 하느님, 감사합니다! 전 그녀가 원하는 모든 것을 할 것입니다.

말볼리오가 퇴장한다.

마리아 정말로 그렇게 효과가 있었나요?

토비 벨치 경 아픈 사람에게 마치 약처럼.

마리아 정말로 재미를 즐기고 싶다면, 그가 올리비아 아가씨 옆에 있을 때 지켜보세요. 그는 노란색 스타킹을 신고 나타날 거예요. —그녀는 노란색을 싫어해요—그리고 그의 다리 위에 맨 십자가 대님 끈—그녀는 그러한 옷 스타일을 싫어해요—그리고 그는 미소 지을 거예요, 그의 미소는 완전히 그녀의 심기를 불편하게 할 거예요. 왜냐면 그녀는 지금 슬픔에 빠져있기 때문이에요. 그녀는 분명히 그에게 화를 낼 거예요. 보고 싶다면 저를 따라오세요.

토비 벨치 경 지옥의 문까지라도 널 따라가고 말고, 이 엉큼한 작은 악마야!

앤드루 경 나도 따라갈 테야.

그들 모두가 퇴장한다.

제3막

동정은 사랑을 향한 첫걸음이다.

(1장: 올리비아의 대사 중에서)

1장

올리비아의 정원

바이올라와 광대가 북을 치며 등장한다.

바이올라 신의 축복이 있기를, 나의 친구여, 그리고 너의 음악도. 북을 연주하여 먹고 사는가?

광대 아닙니다, 전 교회에 빌붙어서 살고 있어요.

바이올라 그럼 성직자인가?

광대 아닙니다, 전 집에서 살고, 저의 집은 교회 옆에 있으니 교회에 빌붙어 살고 있는 셈이지요.

바이올라 그럼 비렁뱅이가 왕 근처에 살고 있으면, 임금님이 비렁뱅이에 빌붙어서 산다고 말할 수도 있겠네. 또는 교회가 자네의 북 "옆에 있으면" 교회가 북의 덕을 보는 셈이란 말이지.

광대 맞아요, 살아있다는 것 자체가 얼마나 멋진 시간인지요! 요즘에는 문장들이 식은 죽 먹듯 얼마나 홱홱 뒤집어지는지!

바이올라 정말 그래. 많은 말로 장난치는 사람들은 단어들을 항상 바꾸고 부도덕한 창녀처럼 행동하게 할 수 있어.

광대 그게 바로 제 여동생 이름이 없었으면 하는 이유예요.

바이올라 왜, 그런 건가?

광대 나 원 참, 여동생 이름은 단어이고, 그리고 만약 당신이 그 이름을 가지고 장난을 치면 동생을 창녀로 만들 수도 있기 때문이죠. 그러나 당신도 아시듯, 사람들이 명예를 위해서가 아니라 계약서를 쓰기 위해 이름을 사용하기 시작한 이래로 이름은 불한당이 되었어요.

바이올라 왜 그런 말을 하지?

광대 솔직히 말씀드리자면, 전 이유를 설명하기 위해 단어를 사용해야 할 필요가 있어요. 그런데 이 단어들이 신뢰할 수 없고 잘못된 것이기 때문에 진지한 논의에서는 쓰지 않는 게 좋겠어요.

바이올라 장담컨대 자네는 어떤 것도 신경 쓰지 않는 행복한 사람인 것 같네.

광대 아닙니다, 젊은 양반, 저도 신경 쓰는 게 있어요. 하지만 당신을 신경 쓰지는 않아요. 만약 그것이 내가 아무것도 신경 쓰지 않는다는 것을 의미한다면, 당신은 아무것도 아니기 때문에 지금 당장 사라져야만 합니다.

바이올라 당신은 올리비아 아가씨의 광대가 아닌가?

광대 아닙니다. 올리비아 아가씨는 어리석음과 관련된 어떤 것도 원하지 않아요. 그래서 그녀는 결혼할 때까지 광대를 두지 않을 겁니다. 멸치가 정어리인 것은 바보들이 남편들인 것과 같아요. ―남편들은 더 심하다고 볼 수 있죠. 난 그녀의 광대가 아닙니다. 난 그저 그녀를 위해 단어를 창녀로 바꿀 뿐입니다.

바이올라 난 최근에 당신을 오시노 공작님 댁에서 봤네.

광대 전 어디에나 있어요. 어리석음은 마치 햇빛처럼 전 세계에 있어요. 사람들이 당신의 주인님이 제 정부보다 어리석음에 덜 익숙하다고 생각했다면 유감입니다. 전 거기서 현명한 당신을 본 것 같아요.

바이올라 오 안 돼, 만약 당신이 나한테 농담하는 거라면, 난 떠날 거야. 자, 여기 얼마 되지 않지만 받게나.

광대 다음에 하느님께서 머리카락을 보내실 때, 당신에게 턱수염을 주시기를!

바이올라 오, 그렇다마다, 진심으로 턱수염을 원해. (혼잣말로) 이 말은 턱수염이 있는 남자를 원한다는 거야; 내 턱에 턱수염이 자라는 건 원하지 않아. (광대에게) 올리비아 아가씨 안에 계신가?

광대 만약 내가 두 개의 동전이 있다면, 두 개의 동전은 더 많은 동전을 만들 수 있다고 생각하시나요?

바이올라 그렇고말고, 그 두 개를 모아 투자한다면.

광대 난 유명한 포주인 판다로스가 되고 싶어요. 그리고 나의 트로일로스를 위해 크레시다를 바치고 싶어요.

바이올라 (광대에게 돈을 주며) 무슨 말인지 알겠네, 자네는 영리한 거지군.

광대 너무 무리한 부탁은 아니겠죠; 난 거지를 위해 구걸할 뿐이요. 사람들은 크레시다가 늙었을 때 거지가 되었다고 말해요. 저의 올리비아 아가씨가 안에 있습니다, 젊은 양반. 내가 그들에게 당신이 어디서 왔는지 말할게요. 그러나 난 당신이 누구인지 무엇을 원하는지는 몰라요. 그건 "내 영역 밖의 일"이라고 말하겠어요. 하지만 그 문구가 너무 많이 쓰여서 저는 "제 정신이 아니에요."라고 말할 거예요.

광대가 퇴장한다.

바이올라 이 사람은 바보 역할을 할 만큼 충분히 현명해. 그리고 똑똑한 사람들만이 그렇게 할 수 있어. 그는 골려줄 사람의 기분과 사회적 지위, 그리고 그날의 시간까지도 세심하게 주의를 기울여. 집중이 되지 않을 때조차도 목표물을 놓치지 않아. 이 일은 현명한 사람이 할 수 있는 많은 노력과 기술을 필요로 해. 그리고 이 사람은 바보짓을 할 때 똑똑해 보이며, 반면에 영리한 사람들은 바보짓을 할 때 어리석어 보여.

토비 벨치 경과 앤드루 경이 등장한다.

토비 벨치 경 안녕하신가, 젊은 양반.

바이올라 안녕하신가요, 나리.

앤드루 경 (불어로) 하느님이 당신을 보호하기를, 젊은 양반.

바이올라 (불어로) 하느님이 나리도 보호하시기를.

앤드루 경 (말을 더듬거리며) 오, 고맙소.

토비 벨치 경 용건이 있다면, 내 조카가 기다릴 것이오.

바이올라 물론 아가씨에게 가고 있어요, 나리. 아가씨야말로 제가 여기 있는 이유죠.

토비 벨치 경 다리를 옮겨보시지, 젊은이. 안으로 가시죠.

바이올라 다리를 옮기라고요? 내 다리는 내 밑에 있어요. 하지만 난 "다리를 옮겨보시지"가 무슨 의미인지 모르겠어요.

토비 벨치 경 안으로 들어가라는 뜻이오, 젊은이.

바이올라 그러죠. 그런데 그럴 필요가 없어졌네요!

올리비아와 마리아가 등장한다.

바이올라 오 아름답고, 재주가 많은 아가씨, 하늘이 당신에게 향기를 내려 주시기를!

앤드루 경 (혼잣말로) 저 젊은 친구 인사말이 굉장히 세련미 있네. "향기를 내려 주시기를." 음, 좋아.

바이올라 내 메시지는 다른 사람들이 듣는 것이 아니에요, 나의 아가씨. 그것은 오직 당신의 자발적이고 수용적인 귀를 위한 것입니다.

앤드루 경 (혼잣말로) "향기," "자발적," 그리고 "수용적." 나중에 써먹을 수 있도록 기억해야지.

올리비아 정원 문을 닫고 모두 나가 있어요.

토비 벨치 경, 앤드루 경, 그리고 마리아가 퇴장한다.

올리비아 내 손을 잡아요.

바이올라 영광입니다, 아가씨.

올리비아 당신 이름은요?

바이올라 세자리오가 제 이름입니다—당신의 하인 이름—아름다운 공주님.

올리비아 나의 하인! 가짜 겸손이 미덕이 된 이후로 세상은 내리막길로 접어들고 있어. 젊은이, 당신은 나의 하인이 아니지. 당신은 오시노 공작님의 하인이지.

바이올라 공작님은 아가씨의 하인이죠. 또 저는 공작님의 것이니 당연히 아가씨의 것입니다. 아가씨 하인의 하인인 저는 곧 아가씨의 하인인 거죠.

올리비아 제 마음에 그분은 없어요. 그분 또한, 저를 전혀 생각하지 않기를 바랄 뿐이에요.

바이올라 아가씨, 저는 아가씨가 공작님을 좋아하도록 설득하기 위해 여기에 왔어요.

올리비아 제발 부탁이니 한 마디 하게 해줘요. 지난번 당신이 나에게 마법 주문을 걸고 나서, 난 반지를 보냈어요. 내 하인, 나 자신, 또한 당신을 속인 것은 실수였다고 생각해. 터무니없는 속임수와 억지로 그 반지를 전했을 때 당신은 아마 나를 탐탁지 않게 여겼겠죠. 그 밖에 또 나에 대해 무엇이 떠오르죠? 화가 나서 내 명예와 진실을 완전히 무시하지 않았나? 당신처럼 똑똑한 사람이라면 그 상황은 충분히 알 거라고 생각해요. 난 내 감정을 드러내고 말았어, 나의 감정을 숨길 수가 없으니 무슨 말을 하든 들을게요.

바이올라 동정심을 느껴요.

올리비아 동정은 사랑을 향한 첫걸음이다.

바이올라 전혀 그렇지 않습니다. 적에게 동정을 느끼는 것은 지극히 평범한 경험이에요.

올리비아 자, 징징대는 것은 이제 그만, 더 이상 하지 않겠어요. 나는 내가 가질 자격이 없는 환상에 사로잡혀 있었어요. 하지만 난 내 자신이 운이 좋다고 생각해. 잔인하고 무정한 적보다 고귀한 적에 의해 파괴되는 것이 훨씬 나아. (시계가 울린다) 들어봐요, 당신을 사랑하느라 시간을 낭비했다고 시계가 나무라고 있어요. 하지만 걱정하지 말아요. 당신을 스토킹 하지는 않을 테니. 당신이 나이가 들고, 현명해지고, 결혼할 준비가 되었을 때, 미래의 아내는 좋은 남편을 얻게 되겠죠. 집으로 돌아가는 길은 서쪽입니다.

바이올라 서쪽이 제가 향하는 곳이죠! 행운을 빌게요. 행운이 따를 거예요.

올리비아 잠깐만! 제발, 나를 어떻게 생각하는지 말 좀 해줘요.

바이올라 아가씬 실제의 자신을 부인하는 것 같아요.

올리비아 그게 사실이라면, 당신 역시 그런 것 같아.

바이올라 맞아요. 전 실제 제가 아닙니다.

올리비아 내가 바라던 그대로였으면 좋겠는데.

바이올라 실제의 저보다 바라던 제가 더 좋을까요? 내가 좀 더 나은 사람이었으면 좋겠어요. 왜냐면 지금 난 어릿광대에 지나지 않으니까요.

올리비아 (혼잣말로) 오, 분노와 경멸로 가득 찼음에도 불구하고 얼마나 아름다운 사람인가! 살인자는 사랑에 빠진 누군가가 사랑을 숨길 수 있는 것보다 그의 죄를 더 오래 숨길 수 있어. 사랑은 빛을 발하므로 숨길 수 없어. (바이올라에게) 세자리오, 난 봄 장미, 처녀성, 명예, 진실, 그리고 모든 것을 걸고 맹세해요. 당신을 너무 사랑해서 이제 내 지혜로도 이 열정을 숨길 수가 없어. 내가 당신에게 구애한다고 해서 당신은 내게 그럴 이유가 없다고 생각하지는 말아요. 두 사람이 함께 사랑을 구하는 것이 좋다는 것을 알지만 부탁 없이 얻는 사랑이 훨씬 좋아.

바이올라 저는 오직 하나의 마음과 한 가지 사랑만을 가지고 있고, 그것들을 여자에게 준 적도 없으며 앞으로도 주지 않을 것을 젊음과 순수함을 걸고 맹세합니다. 그럼 안녕히 계십시오, 아가씨. 이젠 다시는 아가씨를 향한 나의 주인님의 사랑에 대해 불평하지 않을 것입니다.

올리비아 그럼 또 다른 이유로 와줘요. 지금은 비록 나를 싫어할 지라도, 여전히 공작님이 사랑하는 나와 사랑에 빠질 수 있을지도 모르니까.

그들은 퇴장한다.

2장

올리비아의 저택

토비 벨치 경, 앤드루 경, 그리고 페이비언이 등장한다.

앤드루 경 아니요, 난 이제 잠시도 여기 머무르지 않겠어.

토비 벨치 경 왜 떠나려고 하는가, 나의 성난 친구?

페이비언 그래요, 이유를 말씀해주셔야죠, 앤드루 경님.

앤드루 경 원 참, 자네 조카 올리비아가 나를 대접하는 것보다 오시노 공작님의 심부름꾼을 훨씬 더 잘 대우하는 것을 보았네. 정원에서 내 두 눈으로 똑똑히 보았다니까.

토비 벨치 경 조카가 줄곧 자네를 거기서 봤는가? 말해 보게나.

앤드루 경 그녀는 나를 똑똑히 보았네.

페이비언 그럼, 그게 바로 아가씨가 당신과 사랑에 빠졌다는 증거에요.

앤드루 경 나를 놀리려고 작정한 건가?

페이비언 원 별말씀을요. 확실한 증거와 논리적인 주장으로 증명해드릴게요.

토비 벨치 경 그럼 자네는 이것들을 부인할 수 없을 거야. —증거와 주장은 노아의 방주 이래로 있었으니 말일세.

페이비언 아가씬 나리께서 몹시 화나도록, 나리의 열정과 질투를 불러일으키고자 심부름꾼인 그 소년과 시시덕거린 겁니다. 나리께선 아가씨에게 달려가 즉석에서 꾸며낸 탁월한 재담으로 그 젊은이의 말문이 막히게 했어야 했습니다. 이게 바로 아가씨께서 기대했던 것이며, 나리께서 아가씨를 실망시킨 이유입니다. 나리께선 황금 같은 기회를 놓쳤고 지금 아가씬 나리를 탐탁지 않게 여기고 있어요. 감동적이며 용기 있는 행동이나 또는 복잡한 음모로 나리에 대한 아가씨의 의견을 제기할 수 있을 뿐입니다.

앤드루 경 그렇다면 난 음모는 싫으니 용기 있는 행동을 보여야겠군. 난 간교한 책략을 가진 모사꾼보다는 차라리 이단자가 되겠네.

토비 벨치 경 자, 용기를 내어 상황을 호전시켜 보게. 공작님의 젊은 하인에게 결투를 신청하게나. 열한 곳에 상처를 입히게. 내 조카 올리비아가 지켜본 후, "세상의 어떤 중매쟁이도 용기에 대한 평판보다 더 빨리 여자를 얻을 수 없다."는 말을 내가 자네에게 하도록 시킬 걸세.

페이비언 그것이야말로 유일한 방법입니다, 앤드루 경님.

앤드루 경 그럼, 자네들 중에 누가 도전장을 갖다 주겠나?

토비 벨치 경 어서 적어보게. 기사도의 필체로 직설적이고 간결하게 적게나. 웅변적이고 상상력이 풍부하게 쓰면서도 재치 있을 필요는 없네. 서면으로 보내는 도전장이니 원하는 만큼 실컷 조롱하게나. 당신(you) 대신에 너(thou)라고 언급하는 것도 좋지. 한 장의 종이에 가능한 한 많은 거짓말을 적게나. 어서 적어. 자네는 평범한 펜을 사용하고 있을지도 모르나 그것을 독이 있는 잉크로 채울 수는 있네. 자 시작하게나.

앤드루 경 도전장을 다 쓰면 어디서 만날까?

토비 벨치 경 침실로 찾아가지. 계속하게나.

앤드루 경이 퇴장한다.

페이비언 이 평범한 귀족이 나리의 손아귀에 놀아나고 있군요, 토비 경님.

토비 벨치 경 이천 더컷이나 되는 돈을 나에게 쓰는 걸 보면, 그는 나를 좋아함에 틀림없어.

페이비언 그의 편지는 대단히 흥미로울 겁니다. 그러나 나리께선 그것을 전달하지 않을 거잖아요, 그렇죠?

토비 벨치 경 만약 내가 전달하지 않는다면 다시는 나를 믿지 말게. 어떤 수를 써서라도 자넨 그 젊은 녀석의 대답을 받아오게. 황소가 충분히 가까이서 싸울 만큼 한 팀을 구성하기는 어렵지. 만약 앤드루 경을 해부해서 벼룩이 먹을 수 있는 충분한 빨간 피를 그의 간에서 찾아낸다면, 난 나머지 그의 시체를 먹을 것이다. 그는 겁쟁이야.

페이비언 그의 원수, 젊은 심부름꾼은 싸울 만큼 공격적으로 보이지 않아요.

마리아가 들어온다.

토비 벨치 경 여기 나의 작은 새가 온다.

마리아 잘 들으세요, 만약 당신이 큰 웃음—포복절도할 웃음—을 원한다면 저를 따라오세요. 잘 속는 바보 말볼리오는 기독교를 포기했음에 틀림없어요. 어떤 기독교인도 그가 하고 있는 것과 같은 터무니없는 일을 할 수 없기 때문이에요. 그는 노란색 스타킹을 신고 있어요.

토비 벨치 경 십자 대님도?

마리아 예, 그는 한심한 주일 학교 선생님처럼 보여요. 전 살인자처럼 그를 미행했고, 그는 편지에 적혀있는 대로 모든 것을 다 했어요. 그는 동인도 지도보다 더 많은 주름을 얼굴에 가질 정도로 미소를 지어요. 당신은 그런 걸 결코 보지 못했을 거예요. 그에게 뭔가를 던지고 싶은 생각을 떨쳐버릴 수 없었어요. 난 아가씨께서 결국엔 그를 때릴 거라는 것을 알아요. 그러면 그는 그럴 때조차도, 아가씨가 자기에게 치근덕거리고 있다고 상상할 거예요.

토비 벨치 경 어서 우리를 그에게 데려다주게.

그들 모두가 퇴장한다.

3장

거리

세바스찬과 안토니오가 등장한다.

세바스찬 진심으로 자네에게 불편을 주고 싶지 않았어. 하지만 자네가 나를 돕는 것을 즐기는 것처럼 보이기 때문에, 난 더 이상 멈추라고 잔소리하지 않을 거야.

안토니오 자네가 떠난 후에 난 남아있을 수가 없었어. 난 단지 자네를 따르고 싶은 강한 욕망을 느꼈어. 그것은 자네가 많이 보고 싶었다는 이유 때문만은 아니야. 난 자네가 여행하는 동안 무슨 일이 일어날지 걱정했어. 왜냐면 자네는 이 지역에 익숙하지 않고, 안내자가 없는 낯선 사람은 푸대접을 받거나 환영받지 못하기 때문이지. 난 자네를 사랑하고 자네가 걱정되어 왔네.

세바스찬 내 친구 안토니오, 내가 할 수 있는 말은 고맙다는 말밖에 없어. 이 고마움을 한 푼 가치도 없는 말로만 해야 한다니. 내가 돈이 있다면, 감사의 마음을 현금으로 보여주고 싶군. 어쨌든, 우리는 지금 무엇을 해야 하지? 시내 구경이라도 할까?

안토니오 구경은 내일 하는 걸로 하세, 친구. 먼저 자네가 머물 곳이 있는지 확인해야 해.

세바스찬 난 피곤하지 않아, 그리고 밤이 되려면 아직 멀었잖아. 부탁이야, 시내 구경 하세.

안토니오 미안하지만 난 갈 수가 없어. 있잖아, 내가 거리를 나다니는 것은 위험해. 바다 전투에서 난 오시노 백작의 전함에 많은 피해를 입힌 적이 있어. 만약 그들이 여기서 나를 체포한다면, 난 이제 끝장이야.

세바스찬 그의 부하들을 많이 죽였나?

안토니오 아니, 난 그런 폭력적인 어떤 행동도 하지 않았어. 그러나 우리가 그 문제로 인해 약간의 피를 흘려도 정당화될 수 있었을 거야. 우리가 그들에게서 훔친 것을 갚았다면 모든 다툼이 해결되었을지도 몰라—우호적인 무역관계를 위해 우리의 도시 다수가 그렇게 했었거든. 하지만 그는 내가 훔친 것을 돌려주기를 거부한 유일한 사람이야. 그래서 그들이 나를 여기서 찾는다면 나는 큰 대가를 치르게 될 거야.

세바스찬 그렇다면 너무 눈에 띄지 않게 조심하게.

안토니오 그래야지. 잠깐만, 여기 자네를 위한 돈이네. (그는 세바스찬에게 돈을 준다) 여기서 머무를 가장 좋은 장소는 도시의 남쪽 교외에 있는 코끼리 여관이야. 자네가 마을을 구경하면서 즐기고 다양한 것을 알아가는 동안, 난 식사 준비를 하겠네. 여관에서 만나세.

세바스찬 왜 자네의 지갑을 나한테 주는 건가?

안토니오 아마도 자네는 사고 싶은 작은 장신구를 보게 될 걸세. 자네가 그런 자잘한 물건까지 살 만큼 충분한 돈이 없을 것 같아서.

세바스찬 그럼 잘 받겠네. 그리고 한 시간 동안 돌다 오겠네.

안토니오 코끼리 여관에서 만나세.

세바스찬 기억하고 있네.

그들이 퇴장한다.

4장

올리비아 저택의 정원

올리비아와 마리아가 등장한다.

올리비아 내가 그분을 모셔 오라고 보냈다. 온다면 어떤 음식을 대접해야 하지? 어떤 선물을 주지? 젊은이들의 환심을 사는 것이 쉬울텐데. 아, 내가 너무 큰 소리로 말하고 있네. 말볼리오는 어디 있지?

마리아 오고 있습니다, 아가씨; 그러나 그는 아주 이상하게 행동하고 있어요. 틀림없이 악마에게 홀린 것 같아요.

올리비아 아니, 그분께 무슨 일이라도 있는 거냐? 헛소리를 하더냐?

마리아 아니요, 다만 실실 웃어요. 만약 그가 여기에 오면 아가씬 근처에 보초를 세워야만 해요. 왜냐면 그는 정신이 이상한 게 분명하니까요.

올리비아 여기서 그에게 물어봐라.

마리아가 퇴장한다.

올리비아 슬픈 광기와 행복한 광기가 동등하다면, 나 역시 그와 마찬가지로 미친 사람이다.

마리아가 말볼리오와 함께 등장한다.

올리비아 무슨 일인가, 말볼리오?

말볼리오 안녕하신지요, 아름다운 아가씨.

올리비아 웃고 있는 거요? 슬픈 일로 불렀는데.

말볼리오 슬픈 일, 나의 아가씨! 내가 원했다면 슬플 수도 있겠지요. 이 십자가 대님은 내 다리에 피가 안 통하게 하지만 누가 신경 쓰겠어요? "만약 당신이 특별한 한 사람을 기쁘게 한다면, 당신은 중요한 모든 사람들을 기쁘게 하는 거예요."라고 소네트가 말해 주잖아요.

올리비아 왜요, 무슨 일이지? 무슨 문제라도 있는 거요?

말볼리오 내 다리는 노란색일지 모르지만, 난 우울하지 않아요. 편지는 분명 내 손에 들어왔어요. 그리고 편지에 적혀있는 명령들은 곧 이행될 거예요. 그것이 누구의 화려한 필체인지 우리가 알고 있으니까요.

올리비아 그만 자야 한다고 생각하지 않는가, 말볼리오?

말볼리오 자야 한다고? 예, 여보, 제가 당신 곁으로 갈게요.

올리비아 맙소사, 왜 그렇게 능글맞게 웃으며 당신의 손에 마구 입을 맞추는거요?

마리아 왜 그래요, 말볼리오 씨?

말볼리오 미천한 것이 감히 나한테 묻다니! 귀족들은 농부들에게 대답하지 않아!

마리아 왜 우리 아가씨께 그렇게 뻔뻔하게 구는 거예요?

말볼리오 "상전을 두려워 마세요." 정말 좋은 말씀이야.

올리비아 그게 무슨 말인가요, 말볼리오?

말볼리오 "어떤 사람은 높은 신분으로 태어나고―."

올리비아 무슨 소리예요?

말볼리오 "어떤 사람은 높은 신분을 성취할 수도 있고."

올리비아 도대체 무슨 말을 하는 거예요?

말볼리오 "그리고 어떤 사람들은 높은 신분을 타인으로부터 얻을 수도 있는 법입니다."

올리비아 신의 가호가 있기를!

말볼리오 "당신의 노란 스타킹을 누가 좋아했는지 기억하라―"

올리비아 당신의 노란 스타킹?

말볼리오 "그리고 당신의 다리 위에 열십자로 맨 대님을 보고 싶어하는 사람을 기억하세요."

올리비아 열십자로 맨 대님?

말볼리오 "어서 해. 당신이 원하면 행복하고 새로운 삶이 눈앞에 있어요―"

올리비아 내가 새로운 삶인가?

말볼리오 "만일 원치 않는다면, 천박한 하인처럼 계속 행동하세요."

올리비아 이건 완전히 미친 짓이야.

하인이 등장한다.

하인 아가씨, 오시노 공작님의 젊은 심부름꾼이 돌아왔어요. 그를 다시 오게 하는 것은 힘들었지만, 지금 여기서, 아가씨를 기다리고 있어요.

올리비아 내가 갈게.

하인이 퇴장한다.

올리비아 마리아, 여기 이 불쌍한 사람을 돌보아라. 내 사촌 토비 경은 어디 있냐? 몇 명의 하인에게 말볼리오를 돌보도록 시켜라. 그에게 나쁜 일이 생기지 않도록 지켜주면 내 지참금의 절반을 주겠다.

올리비아와 마리아가 퇴장한다.

말볼리오 오 호! 지금 나를 봐! 나를 돌봐 줄 사람이 적어도 한 명, 바로 올리비아의 친척 토비 경이 있어. 편지가 이것을 증명해 주는군. 그녀는 고의적으로 심부름꾼을 나에게 보냈어. 그래서 난 그녀가 편지에서 말한 것과 똑같이 그에게 무례하게 굴 수 있었어. "하층계급의 덫을 제거하세요."라고 그녀는 말했어.

"귀족처럼 나의 친척 중의 한 분과 언쟁을 하고, 하인들에게 무례하게 구세요. 정치와 국정에 대해 논하시고, 그리고 자유롭고 독립적으로 행동하세요." 그러고 나서 그녀는 어떻게 처신하는지를 설명한다: 진지한 얼굴과 위엄 있는 태도, 잘 조절된 말투, 저명한 신사처럼 행동하는 태도 등을 가져야 해요. 난 이제 그녀를 얻었어. 하지만 하느님께 감사해야 해! 그녀가 막 떠날 때, "여기 불쌍한 이분을 돌봐 주세요."라고 말했어. "이분!" 이라고! "말볼리오" 라거나, 내 집사 신분대로 "이 사람"이라고 부르시지도 않고 "이분"이라고 하셨단 말이야. 모든 것이 완벽하게 되어가고 있어. 그러고 보니 조금도 주저할 것이 없네. 티끌만큼의 장애도, 어떤 불안도, 깃털만한 의심도 있을 수 없어—뭐라고 해야 좋을까?—이젠 내 희망찬 앞길에 걸리적거리는 건 하나도 없어. 이건 내 힘이 아니라 다 하느님 덕택이야. 그분에게 감사해야 해.

마리아가, 토비 벨치 경 그리고 페이비언과 함께 등장한다.

토비 벨치 경 도대체 어디 있는 거야? 지옥에 있는 모든 악마가 말볼리오를 소유하기 위해 비좁은 공간에 다 모여 있어도 상관없어. 그래도 난 그에게 말을 걸겠어.

페이비언 여기 있어요, 그가 여기 있어요. 어떻게 된 거예요?

말볼리오 저리 비켜. 네 얼굴을 다시는 보고 싶지 않아. 내 사생활을 즐기게 해줘. 저리 비켜.

마리아 (토비 벨치 경에게) 오 저 사람 안에서 무시무시한 악마가 속삭이는 소리를 들어봐! 제가 말씀드리지 않았던가요? 토비 경, 올리비아 아가씬 당신이 말볼리오를 돌봐주길 바라셔요.

말볼리오 아 하! 아가씨가 그러셔?

토비 벨치 경 (페이비언과 마리아에게) 자, 자! 조용, 조용! 우린 그를 부드럽게 대할 필요가 있어. 내가 어떻게 하는지 보여줄게. —요즘 어떠신가, 말볼리오? 괜찮은가? 자, 이보게, 악마에게 그냥 싫다고 말하게! 곰곰이 생각해보게, 악마는 인류의 적이야.

말볼리오 무슨 말을 하고 있는지 알고는 있나요?

마리아 (토비 벨치 경에게) 저것 좀 보세요. 당신이 악마에 대해서 나쁘게 말하니까 모욕적인 행동을 하잖아요! 하느님 제발 그가 마법에 걸리지 않았기를!

페이비언 저 사람 오줌을 주술사에게 가져다가 알아보도록 합시다.

마리아 그게 좋을 것 같아요, 내일 아침에 그렇게 할게요. 아가씨께서는 결코 그를 잃고 싶어 하지 않을 거예요.

말볼리오 무슨 말을 하는 거야, 이 여자야?

마리아 오, 주여!

토비 벨치 경 (마리아에게) 제발, 조용히들 해요. 이렇게 해서는 안 돼. 너희들이 그를 화나게 하고 있다는 걸 모르겠어? 그에 관해선 나에게 맡겨.

페이비언 부드럽게, 부드럽게 상냥한 방법 말고는 없어요. 그 안에 있는 악마는 거칠어요. 하지만 우린 그 악마를 거칠게 다룰 순 없어요.

토비 벨치 경 (말볼리오 안에 있는 상상의 악마에게) 그래 어떤가, 나의 귀여운 작은 새? 거기서 뭐하고 있는 거야, 달콤한 향기 나는 작은 병아리?

말볼리오 이봐요!

토비 벨치 경 네, 소중한 작은 병아리, 나와 같이 가요. —닥쳐, 이 인간아! 넌 사탄과 장난을 치지 않을 만큼 충분히 분별 있는 사람이야. 시꺼먼 광부 같은 악마에게 저주가 있기를!

마리아 토비 경님, 기도문을 암송하게 하세요. 그가 기도하게 하세요.

말볼리오 기도문을, 이 제멋대로의 여자야?

마리아 (토비 벨치 경에게) 아뇨, 전 그가 종교에 관한 어떤 것도 듣기를 거부한다고 당신에게 말하는 거예요.

말볼리오 다들, 목매어 죽어라! 너희들은 모두 게으르고 천박해. 난 너희들과는 달라. 난 더 높은 미래가 기다리고 있어. 자세한 건 나중에 알게 될 거야.

말볼리오가 퇴장을 한다.

토비 벨치 경 가능할까?

페이비언 이게 연극이라면, 비현실적이라고 전 불평하겠어요.

토비 벨치 경 그는 정말로 이 장난을 마음에 새겼네. 그는 역할을 완벽하게 해내고 있어.

마리아 아니요, 그를 따라가 보세요. 그가 장난을 눈치채고 모든 것을 망치기 전에,

페이비언 그럼, 우린 정말로 그를 미치게 만드는 거예요.

마리아 그러면 집은 훨씬 조용해질 거고요.

토비 벨치 경 자, 그를 어두운 방에 처넣고 묶자. 내 조카는 이미 저자가 미쳤다고 생각하고 있어. 우린 싫증날 때까지 저자를 벌주며 이렇게 재미있게 놀 수 있는 거야. 그런 다음 그에게 자비를 베풀어 내보내고, 그 장난이 얼마나 잘 진행되었는가를 그에게 말해주면 돼. 우리는 또한 이 속임수를 꾸민 당신에게 경의를 표한다고 그에게 말해주면 돼. 자 행동 개시, 행동 개시!

앤드루 경이 등장한다.

페이비언 우리에게 즐거움을 줄 정신 이상자가 또 한 명 있어요.

앤드루 경 (종이 한 장을 그들에게 보이며) 도전장일세, 읽어보게. 도전적인 말들로 미어터질 것 같네.

페이비언 그렇게 공격적인가요?

앤드루 경 그래, 그렇다고 생각하네. 읽어보게나.

토비 벨치 경 이리 주게나. (그는 읽는다) "젊은이, 자네가 뭐든, 자네는 인간쓰레기통이야."

페이비언 좋아. 아주 용감해.

토비 벨치 경 (읽는다) "왜 내가 그렇게 부르는지 묻지도 마, 왜냐면 난 아무 설명도 하지 않을 거니까."

페이비언 그거 좋은 표현이야. 법망에서 벗어날 수 있겠어.

토비 벨치 경 (읽는다) "당신은 올리비아 아가씨를 보러 오고, 그럼 아가씬 친절히 대해 주겠지. 하지만 당신은 새빨간 거짓말쟁이야. 그 때문에 결투를 신청하는 건 아니야."

페이비언 멋지고 간결하고 센스로 가득 차 있군—아니면 내가 허튼 소리를 하고 있는 건가?

토비 벨치 경 (읽는다) "난 숨어 있다가 네가 집으로 갈 때 널 공격할거야, 그리고 만약 네가 나를 죽일 만큼 운이 좋다면—"

페이비언 좋아요.

토비 벨치 경 (읽는다) "당신은 평범한 범죄자인, 노상강도처럼 나를 죽일 거야."

페이비언 당신은 아직 유죄를 입증할 만한 어떤 말도 하지 않았어요. 좋아요.

토비 벨치 경 (읽는다) "행운을 빕니다, 하느님 우리들 중 한 명에게 자비를 베풀어 주세요. 자비는 나에게 주어질지도 모르지. 내가 살아남을 가능성이 더 많아. 그러니 조심해. 만약 당신이 나를 바르게 대하면 친구가 될 수 있지만, 거칠게 대하면 원수가 될 수도 있는 앤드루 에이규치크로부터"

만약 이 편지를 보고도 그가 싸우지 않는다면, 무슨 일이 일어날지 난 모르겠어. 그래도 그에게 이 편지를 줄 거야.

마리아 그에게 편지를 줄 수 있는 아주 적절한 기회가 올지도 몰라요. 그는 아가씨와 모종의 거래를 하고 있는데, 조만간 떠날 것 같아요.

토비 벨치 경 가시게나, 앤드루 경. 마치 보안관처럼 정원 한쪽 모퉁이에서 그를 찾아보시게. 그를 보자마자 칼을 뽑게나, 그리고 칼을 뽑을 때 끔찍하게 욕을 하는 것 잊지 마. 때로는 명중하는 화살처럼 심한 욕설이 싸움에서 보여줄 수 있는 것보다 더 용감하고 남자답게 보이도록 만드니까. 자 가시게!

앤드루 경 내가 욕을 잘 못한다고 걱정하지는 말게.

앤드루 경이 퇴장한다.

토비 벨치 경 난 이 편지를 전달하지 않을 거야. 그 젊은 신사의 행동은 분별력 있고 예의범절이 바르다는 것을 보여주거든. 그가 주인님과 조카 올리비아의 중개자 역할을 한다는 사실이 그걸 증명해 주고 있어. 그러므로 믿을 수 없을 정도로 어리석고 무지한 이 편지는 그를 전혀 겁먹게 하지 못할 거야. 그는 이 편지를 바보 천치가 썼다고 생각할 거야. 그러나 난 말로 설명하면서 앤드루 경의 도전장을 전달할거야. 앤드루 경이 전투에서 얼마나 용감한지, 그리고 얼마나 격노하고, 충동적이며, 숙련된 투사인지를 그 젊은 신사에게 확신시킬거야. (그는 젊기 때문에 나를 믿을 거야) 그럼 그들 둘은 두려워서 서로를 쳐다보는 것만으로도 서로를 죽이는 꼴이 될 거야.

올리비아가 바이올라와 함께 등장한다.

페이비언 아, 여기 그 심부름꾼이 올리비아 아가씨와 함께 옵니다. 그들을 내버려 두죠, 그가 집에 갈 때까지는. 그런 다음 그를 따라가죠.

토비 벨치 경 그동안 난 도전을 표현할 끔찍한 방법을 궁리해야겠어.

토비 벨치 경, 페이비언, 그리고 마리아가 퇴장한다.

올리비아 돌같이 무정한 분에게 너무 많은 말을 했나 봐요. 난 어리석게도 명예와 명성을 위태롭게 했네요. 그렇게 행동한 내 자신이 싫어요, 그럼에도 불구하고, 그렇게 해야만 했을 거예요, 어떤 비난도 나를 멈추게 할 수 없었을 테니까요.

바이올라 나의 주인님은 당신처럼 상사병으로 인해 미친 사람처럼 행동하고 있어요.

올리비아 여기 이 보석 하나를 가져가요. 그 안에 제 사진이 있어요. 거절하지 마세요. 그것은 나처럼 당신을 괴롭히지 않을 거예요, 왜냐면 그것은 목소리가 없기 때문이죠. 그리고 간청하건데, 내일 다시 여기에 와주세요. 당신이 요구하는 건 뭐든지 다 주겠어요, 내 명예와 자존심을 해치지 않는 한.

바이올라 아무 것도 바라지 않습니다. 주인님에 대한 아가씨의 진실한 사랑만 있으면 됩니다.

올리비아 이미 당신에게 바친 사랑을 어떻게 내 명예를 잃지 않고 그 분에게 줄 수 있겠습니까?

바이올라 다시 당신에게 되돌려 드릴게요.

올리비아 아무튼 내일 다시 오세요. 안녕히 가세요. 당신 같은 악마라면 지옥까지도 따라갈 거예요.

올리비아가 퇴장한다.

토비 벨치 경과 페이비언이 등장한다.

토비 벨치 경 젊은이, 안녕하신가?

바이올라 안녕하십니까?

토비 벨치 경 당신 자신을 방어할 방법을 생각해두는 게 좋을 거요. 난 당신이 그를 화나게 하려고 무슨 짓을 했는지는 모르지만, 누군가가 당신에게 결투를 신청했어요. 그는 화가 나 살기등등해져서 정원 뒤쪽에서 당신을 기다리고 있어요. 칼을 뽑아 빨리 준비하세요. 왜냐면 당신을 공격할 자는 빠르고, 능숙하고, 그리고 치명적이기 때문이요.

바이올라 뭔가 착오가 있는 것이 분명합니다, 나리. 그 누구도 나와 싸울 이유가 없다고 확신하니까요. 누군가를 화나게 한 적도 없고요.

토비 벨치 경 장담하건대, 그건 당신이 틀린 것 같군요. 그러니 만약 당신이 당신의 생명을 소중히 여긴다면 조심하세요. 당신의 원수는 누군가와 싸워 이길 만큼 충분히 젊고, 강하며, 능숙하고, 그리고 분노에 차 있으니 말이에요.

바이올라 대체 그자가 누군가요, 나리?

토비 벨치 경 그는 기사요. 그는 궁정의 인맥 때문에 기사가 되었으나, 민간인과 싸울 때는 진정한 괴물이랍니다. 그는 세 명의 사람들을 죽였고, 그리고 지금 분노에 차 있어 그를 만족시킬 유일한 일은 당신이 죽는 걸 보는 것이랍니다. "죽을 때까지 싸우기"가 그의 좌우명입니다.

바이올라 그럼 안으로 들어가서 아가씨께 경호를 부탁해야겠어요. 난 싸움꾼이 아니에요. 나는 단지 어떤 사람들이 얼마나 용감한지 보기 위해 일부러 그들과 싸움을 하는 남자들에 대해 들어본 적은 있어요. 아마도 이 사람이 그런 유형인가 봅니다.

토비 벨치 경 그렇지 않아요. 젊은이. 그는 당신이 그를 모욕했기 때문에 화가 나있소. 그리고 그는 만족할 권리가 있으니 나가서 그가 원하는 것을 주시오. 만약 당신이 싸우지 않으면 당신은 집으로 돌아갈 수 없소.—만약 집으로 돌아가고 싶거든, 가서 그와 싸우는 것이 좋을 거요. 그러니 정원으로 가서 당장 칼을 뽑으시오. 당신은 어떤 식으로든 싸워야만 할 것이요, 달리 방법이 없소. 그렇지 않으면 당신은 칼 쓰는 것을 그만두고, 신사가 될 거라고 주장해야만 하오.

바이올라 이상할 정도로 무례하군요. 제발, 부탁 하나만 들어줘요: 내가 이 기사분에게 어떤 범죄를 저질렀는지 알아봐 주세요. 틀림없이 제가 실수로 저지른 일일 거예요.

토비 벨치 경 그렇게 하지요. 페이비언 씨, 내가 돌아올 때까지 이 신사분과 함께 있어줘요.

토비 경이 퇴장한다.

바이올라 실례지만, 젊은이, 이 일에 대해 알고 있나요?

페이비언 그 기사가 당신에게 격분해서 목숨을 걸고 당신과 싸우겠다는 건 알고 있습니다만, 더 이상은 모릅니다.

바이올라 그는 어떤 분인가요?

페이비언 대단한 사람처럼 보이진 않아요, 그러나 싸움에는 아주 용감해요. 이 일리리아 천지 어디를 찾아 봐도 그렇게 칼 잘 쓰는 잔인하고 무서운 칼잡이는 정말이지 없어요. 그를 보기를 원하십니까? 내가 할 수만 있다면 당신을 위해 그를 진정시켜 볼게요.

바이올라 그렇게만 해주신다면 매우 고맙겠습니다. 저는 싸움꾼 타입보다는 종교적인 성향이 많은 편이에요. 그리고 제가 이러한 기질이라는 걸 남이 안다 해도 전혀 신경 쓰지 않아요.

그들이 퇴장한다.

토비 벨치 경이 앤드루 경과 함께 등장한다.

토비 벨치 경 와우, 그는 정말 악마야. 난 그런 괴물을 본 적이 없어. 나는 예전에 그와 한판 붙었는데, 그의 칼침은 너무도 치명적이어서 도망칠 수도 없었어. 만약 그가 자네를 반격한다면 그는 정확히 자네가 서있는 바로 그 지점을 칠걸세. 사람들은 그가 페르시아 왕의 검투사였다고 말하더라고.

앤드루 경 이젠 끝이야! 난 그와 얽히지 않을 거야.

토비 벨치 경 그래, 하지만 지금은 그를 진정시킬 방법이 없어. 저쪽에서 페이비언이 노력하고 있으나 좀처럼 통제하기가 힘든 것 같아.

앤드루 경 이것 참 큰일 났네. 그가 그렇게 용감하고 훌륭한 검술사라고 생각했다면, 난 결코 그에게 덤비려고 하지 않았을 거야. 그가 모든 것을 잊어준다면, 난 그에게 회색 말 캐필렛을 줄 수 있을 텐데.

토비 벨치 경 제안을 해볼게. 여기 똑바로 서서 착하게 보이도록 노력해봐. 아무도 죽지 않고 끝날 수도 있어. (혼잣말로) 내가 자네를 타는 것과 똑같이 자네의 말을 탈거야.

페이비언과 바이올라가 등장한다.

토비 벨치 경 (페이비언에게) 싸움을 말리는 대가로 그는 나에게 말을 주었어—나는 그 젊은이가 싸우는 기계라고 말해 주었거든.

페이비언 그 또한 앤드루 경에게 겁먹고 있어요. 그는 마치 곰이 쫓아오는 것처럼 창백하고 호흡이 빨라졌어요.

토비 벨치 경 (바이올라에게) 당신이 할 수 있는 게 아무것도 없어요, 젊은이. 그는 싸우겠다고 맹세했기 때문에 당신과 싸우기를 고집해요. 그러나 그는 당신과 싸우겠다고 도전하는 이유를 곰곰이 생각했답니다. 그리고 그것이 너무 하찮아서 생각할 가치도 없다는 것을 깨달았대요. 그러니 칼을 뽑아서 그의 맹세를 이행할 수 있도록 해봐요. 그는 당신을 해치지 않겠다고 약속했으니까요.

바이올라 (혼잣말로) 신이여 나를 도와주소서! 만약 어떤 일이 생긴다면 내가 얼마나 남자답지 못한가를 정확하게 그들에게 말해야만 할 거야.

페이비언 그가 정말로 화가 난 것 같으면 살짝 뒤로 물러서요.

토비 벨치 경 자, 앤드루 경, 이젠 당신이 할 수 있는 일은 아무것도 없어. 그 신사는 명예를 위해 당신과 싸우기를 주장해. 결투의 규칙은 그가 해야만 한다는 것이야. 그러나 신사와 군인으로서 그는 당신을 해치지 않겠다고 약속했어. 자, 준비하세.

앤드루 경 신이여, 그가 약속을 지키도록 해주세요!

바이올라 맹세해요, 난 그렇게 되기를 원하지 않아요.

그들은 칼을 뽑는다. 안토니오가 등장한다.

안토니오 칼을 거두시오. 만일 이 젊은 분이 기분을 상하게 했다면 내가 책임을 지겠소. 하지만 만약 당신이 그를 기분 상하게 했다면 난 당신과 싸울 것이요.

토비 벨치 경 당신, 젊은이? 대체 당신은 누구요?

안토니오 난 그의 좋은 친구일 뿐이요. 사실, 그가 하겠다고 약속한 내용을 당신이 들은 것보다 난 그에게 더 많은 것을 할 것입니다.

토비 벨치 경 당신이 싸우기로 작정한 사람이라면, 내가 당신과 싸울 것이다.

그들은 칼을 뽑는다. 군관들이 등장한다.

페이비언 오, 토비 경, 멈춰요! 군관들이 와요.

토비 벨치 경 (안토니오에게) 곧 돌아와 결판을 냅시다.

바이올라 (앤드루 경에게) 제발, 젊은이, 칼을 거두세요. 제발.

앤드루 경 거두겠소, 젊은이. 그리고 약속한 건 반드시 지킬 것이요. 당신은 쉽게 놀려줄 수 있고, 고삐를 당기면 말을 잘 들을 것 같으니.

경관1 이 사람이 바로 그 남자요. 체포하시오.

경관2 안토니오, 당신을 오시노 공작의 명령으로 체포합니다.

안토니오 나를 다른 사람으로 착각하신 것 같아요, 경관님.

경관1 아니오, 젊은이, 전혀요. 난 당신의 얼굴을 완벽하게 알아요. 심지어 당신 머리에 선원의 모자가 없어도. —그를 연행하시오. 내가 그를 안다는 것을 그도 알고 있어요.

안토니오 복종할 수밖에 없군요. (바이올라에게) 자네를 찾으러 왔기 때문에 이 일이 일어난 거야. 그러나 지금 이 상황에서 할 수 있는 것은 아무것도 없군. 나에게 일어나는 일을 받아들일 수밖에. 하지만 내가 지갑을 돌려달라고 요구하면 어떻게 할 건가? 나에게 무슨 일이 일어난 것보다 자네를 도울 수 없다는 것에 더 화가 나네. 자네는 너무 혼란스러워 보여. 내 걱정은 하지 말게.

경관2 자, 젊은이, 갑시다.

안토니오 (바이올라에게) 돈을 조금이라도 받았으면 하는데.

바이올라 무슨 돈이죠, 젊은 친구? 이런 상황에 대해 당신에게 미안하게 생각하오. 그리고 당신이 여기서 나에게 보여준 친절함에 감사드리고 싶어요. 그래서 내 돈의 일부를 당신께 드리겠지만 많지는 않아요. 지금 가지고 있는 돈의 절반을 드릴게요. 자 받아요. (그녀는 그에게 돈을 건넨다)

안토니오 자네는 정말로 지금 날 모른척할 건가? 내가 자네를 위해 한 모든 것에도 불구하고, 자네는 나를 돕기를 거절하는 거야? 지금보다 더 나를 비참하게 만들지 말게. 내가 자네를 위해 해준 일들을 열거하는 것 같은 나약하고 남자답지 못한 일을 할지도 몰라.

바이올라 저는 당신이 저를 위해 해주신 어떤 일들도 모르고, 당신의 목소리나 얼굴도 몰라요. 전 거짓말, 허영심, 헛소리, 취한 상태, 또는 우리 연약한 인간들이 겪기 쉬운 다른 악덕행위들을 싫어하는 것보다 배은망덕한 사람을 더 싫어합니다.

안토니오 오 맙소사!

경관2 어서, 젊은이, 제발, 갑시다.

안토니오 아니, 할 말이 있어요. 난 이 젊은이가 반쯤 죽어있는 상황에서 그의 생명을 구해주었고, 건강을 회복하도록 세심하고 다정하게 돌봐 주었어요. 그가 고상하고 선량해 보였기 때문에 정성을 바쳤던 거예요.

경관1 왜 우리가 신경 써야 하죠? 시간이 없어요. 갑시다!

안토니오 하지만 오, 자네는 정말 사기꾼이 되어 버렸어! 자네는 훌륭한 외모에 걸맞은 삶을 살지 못하고 있어, 세바스찬. 자네는 겉은 좋아 보이나 내면은 형편없어 보여. 자연의 유일한 흠집은 사람의 마음과 영혼에 있기 때문에 내면은 중요하네. 정말 잔인한 사람들은 불구자로 불릴 수도 있어. 미덕은 아름다운 것이지만 아름답고 사악한 사람은 악마가 장식해 놓은 빈 상자와 같네.

경관1 이 사람이 미쳐가고 있어. 그를 데려가. 자, 이봐, 빨리.

안토니오 나를 데려가게.

그는 경관들과 함께 퇴장한다.

바이올라 그는 정말 화나있고, 자신이 말한 것을 정말로 믿고 있다고 느껴져. 못 믿어. 그러나 믿을 수 있으면 좋겠어. 오, 제발 사실이기를, 제발 이 남자가 나를, 나의 사랑하는 오빠!로 착각했기를!

토비 벨치 경 이리로 오게, 앤드루 경. 페이비언도 이리 오게나. 우리는 조언을 심사숙고할 필요가 있네.

바이올라 그분이 나를 세바스찬이라고 불렀어. 내가 거울을 볼 때마다 오빠를 보기 때문에 어떤 의미에서 오빠가 아직도 살아있다는 생각이 들어. 내 오빠는 나와 꼭 닮았고 내가 지금 입고 있는 것과 똑같은 스타일, 같은 액세서리, 그리고 같은 색깔의 옷을 입고 있어. 오, 그가 살아남은 것이 사실이라면, 그 폭풍우는 친절했으며 바다는 사랑으로 가득 차있었을 거야!

바이올라가 퇴장한다.

토비 벨치 경 그는 매우 부정직하고 연약한 소년이며, 토끼보다 더 겁쟁이야. 그는 비상사태에 친구를 여기에 버렸고, 심지어는 친구를 모르는 척했어. 그것은 그가 부정직하다는 것을 보여줘. 그의 비겁함에 대해서는, 페이비언에게 물어보면 알겠지.

페이비언 그는 겁쟁이예요, 완전히 겁쟁이죠. 그는 신앙 수준에 이를 정도로 독실한 겁쟁이죠.

앤드루 경 맹세코 나는 그를 다시 뒤쫓아가서 두들겨 패줄 거야.

토비 벨치 경 그렇게 하자. 실컷 두들겨 패자. 하지만 칼을 뽑진 말자.

앤드루 경 그래, 맹세할게.

페이비언 자, 무슨 일이 벌어지는지 가서 봅시다.

토비 벨치 경 장담하건대, 여러분이 좋아하는 어떤 일도 다시는 일어나지 않을 거야.

그들 모두가 퇴장한다.

제4막

이 세상은 정말 바보 같은 곳이야.

(1장: 광대의 대사 중에서)

1장

올리비아 저택 앞의 거리

세바스찬과 광대가 등장한다.

광대 "날 데리러 온 것은 아니죠"라고 당신은 내게 말하려는 건가요?

세바스찬 오, 누가 알아, 당신은 바보처럼 행동하잖아. 나 좀 혼자 내버려 둬.

광대 잘 됐네요, 이렇게 저에게 비밀을 숨기시다니! 아니요, 난 당신을 몰라요, 그리고 아가씨가 당신을 데리고 오라고 날 보내지 않았어요. 저는 당신에게 아가씨와 말하라고 하면 안 돼요. 그리고 당신의 이름은 세자리오 씨가 아니에요. 또한 이 코도 제 코가 아니에요. 보이는 것과 같은 것은 아무것도 없어요.

세바스찬 오, 제발, 엉뚱한 소리를 내뱉으려거든 다른 데로 가. 당신은 날 모르잖아.

광대 엉뚱한 소리를 내뱉는다고? 당신은 분명 어떤 위대한 사람을 묘사하는 문구를 들었음에 틀림이 없어. 그리고 지금 당신은 그 문구를 농담으로 사용하고 있어. 엉뚱한 소리를 내뱉는다고! 이 세상은 정말 바보 같은 곳이야. 제발 그렇게 이상하게 굴지 말고 정확하게 내가 아가씨에게 어떻게 해야 되는지 말해줘. 당신이 온다고 내가 아가씨에게 허풍을 떨어줄까?

세바스찬 제발, 광대야, 저리 가. 이 돈 받아. (그에게 돈을 준다) 더 귀찮게 하면 불이익을 당할지도 몰라.

광대 음, 음. 당신은 관대한 사람이에요. 광대에게 돈을 주는 현명한 사람들은 좋은 평판을 얻을 거예요. —만약 14년 동안 정기적으로 꾸준히 지불한다면.

앤드루 경, 토비 벨치 경, 그리고 페이비언이 등장한다.

앤드루 경 음, 이봐, 우리 또 보네? 맛 좀 봐라. (앤드루 경이 세바스찬을 친다)

세바스찬 (되받아 친다) 자, 그럼, 너도 맞아봐라. 옜다, 옜다. 여기 있는 사람들 모두 미쳤나요?

토비 벨치 경 당장, 멈춰. 그렇지 않으면 당신의 칼을 지붕 위로 던져버릴 거야.

광대 (혼잣말로) 아가씨께 당장 말씀드리겠습니다. 만약 당신이 나에게 돈을 준다면 상황은 달라질 겁니다.

광대가 퇴장한다.

토비 벨치 경 (세바스찬을 움켜잡고) 자, 이봐, 그만해요!

앤드루 경 아니, 그를 내버려 둬. 내가 다른 방법으로 그를 혼내줄 거야. 일리리아에 정의가 있다면 공갈 폭행죄로 그를 고소할거야. 내가 먼저 그를 때린 건 중요하지 않아.

세바스찬 (토비 벨치 경에게) 가게 해줘요!

토비 벨치 경 아니, 이보게, 난 자네를 놓아주지 못하겠어. 칼을 치우게. 나의 작은 병사여. 당신은 지독하게 싸우기를 갈망하는군. 됐네.

세바스찬 당신에게서 벗어날 테야. (세바스찬은 자유롭게 몸을 당기며 그의 칼을 뽑아든다) 당신 지금 뭐하려고 하는 거요? 만약 당신이 아직도 내 인내심을 시험하기를 고집한다면, 당장 칼을 뽑아.

토비 벨치 경 뭣이 어쩌고 어째! 그럼 좋다. 네 놈의 불손한 피를 한두 온스 정도 흘리도록 해주마. (토비 벨치 경은 그의 칼을 뽑는다)

올리비아가 등장한다.

올리비아 멈추세요, 토비 경! 멈춰요!

토비 벨치 경 올리비아!

올리비아 왜 항상 이 모양이죠? 당신은 예의범절도 없는 사람이니 교양 있는 사람들로부터 멀리 떨어진 산속 동굴에서나 살아요. 이 배은망덕한 게으름뱅이야! 내 눈앞에서 사라져!—사랑하는 세자리오, 불쾌하게 여기지 마세요.—여기서 나가, 이 야만인아!

토비 벨치 경, 앤드루 경, 그리고 페이비언이 퇴장한다.

올리비아 오, 세자리오, 당신을 괴롭혔던 무례한 사람들에게 너무 화를 내지 마세요. 우리 집에 나와 함께 가요. 제가 이 깡패 삼촌이 만들어낸 모든 무의미하고 서투른 장난들에 대해 말씀드리죠. 그러면 당신은 이 사람을 비웃게 될 겁니다. 나와 함께 가요. 제발 안 된다고 하지 마세요. 빌어먹을 토비! 나를 얼마나 놀라게 했는지.

세바스찬 (혼잣말로) 이건 뭘 의미하지? 어떻게 되는 거지? 내가 미쳤거나 아니면 이건 꿈일 거야. 이 망상이 계속되었으면. 꿈이라면, 계속 자게 해주기를!

올리비아 제발, 같이 가요. 제가 하자는 대로 해줘요!

세바스찬 아가씨, 그렇게 할게요.

올리비아 오, 다시 말해 봐요, 진심인가요!

그들은 퇴장한다.

2장

올리비아의 저택

마리아와 광대가 등장한다.

마리아 아니 내가 말하잖아, 이 가운을 입고 수염을 달아봐. 그가 당신을 사제 토파스 경이라고 믿도록 하게. 빨리 서둘러. 그동안에, 난 토비 경을 불러올 테니까.

마리아가 퇴장한다.

광대 음, 변장해 봐야지. 내가 신부 옷을 입고 거짓말을 한 최초의 사람이었으면 좋겠다. (광대는 가운을 입고 수염을 단다) 하지만 난 신부로 보일 만큼 키가 크지 않아. 착한 학생처럼 보일 정도로 깡마른 체격도 아니야. 그러나 정직하고 선량하다는 것도 도덕적이고 학구적이라는 것만큼 좋은 거지. 여기 공모자들이 오고 있어.

토비 벨치 경과 마리아가 등장한다.

토비 벨치 경 신의 축복이 있기를 바랍니다, 신부님.

광대 안녕하세요(보노스 디에스), 토비 경님. 글을 읽을 수도, 쓸 수도 없는 프라하의 늙은 은둔자가 고르보두크 왕의 조카에게 "존재한다는 것은 있다는 것입니다"라고 아주 재치 있게 말했습니다. 그러므로 내가 신부님으로 존재하기 때문에, 난 신부입니다. 왜냐면 "저것"은 "저것"이고 "있습니다"는 "있습니다"가 아니겠어요?

토비 벨치 경 저 사람한테 가보시죠. 토파스 신부님.

광대 (목소리를 변장하여) 이 감옥에 평화가 있기를!

토비 벨치 경 광대는 훌륭한 배우야. 훌륭한 광대.

말볼리오 (무대 밖에서) 소리 지르는 사람이 누구요?

광대 토파스 신부요. 미치광이 말볼리오를 만나러 왔소.

말볼리오 토파스 신부님, 토파스 신부님, 토파스 신부님, 올리비아 아가씨를 찾아봐 주세요—

광대 썩 꺼져, 이 악마야! 불쌍한 사람을 이렇게 괴롭히다니! 넌 아가씨에 관한 얘기 말고는 할 얘기가 그렇게도 없어?

토비 벨치 경 (혼잣말로) 잘하셨어요, 신부님.

말볼리오 토파스 신부님, 아무도 나처럼 이렇게 봉변을 당하지는 않았을 거예요. 좋으신 토파스 신부님, 제가 미쳤다고 생각하지 마세요, 그들은 끔찍한 어둠 속에 나를 가두었어요.

광대 이 사탄, 거짓말쟁이, 스스로를 부끄러워할 줄 알아야지! 너에게 이렇게 친절하게 대하는 건, 내가 악마에게 예의를 차리는 착한 사람들 중의 한 사람이기 때문이야. 이 집이 어둡다고?

말볼리오 지옥처럼 어둡습니다. 토파스 신부님.

광대 그러나 그것은 돌담처럼 투명한 돌출된 창을 가지고 있으며, 남북을 향한 위쪽 창문은 탄광처럼 훤히 뚫려있어. 하지만 넌 아직도 어둠과 나쁜 전망을 불평하고 있는 거야?

말볼리오 저는 미치지 않았어요, 토파스 신부님. 제가 신부님에게 말씀드리잖아요, 이 집은 어둡다고.

광대 네가 틀렸어, 미친놈아. 무식함이 어둠이야, 안개에 휩싸인 이집트인들보다 당신은 더 무식해.

말볼리오 이 집은 무지만큼 어둡다고 말했잖아요. 나보다 더 나쁘게 대접받은 사람은 아무도 없을 거예요. 내가 미치지 않았다는 것을 증명할 테니 상식적인 질문은 뭐든 해보세요.

광대 야생조류에 관한 철학자 피타고라스의 믿음은 무엇일까?

말볼리오 할머니의 영혼이 새에 깃들어 있을지도 모른다는 것이죠.

광대 그의 믿음을 어떻게 생각하세요?

말볼리오 영혼은 매우 고귀한 것이라고 생각합니다. 그래서 그의 믿음에 반대합니다.

광대 그럼 안녕히 계세요. 어둠 속에서 지내세요. 피타고라스의 말에 동의하고, 할머니의 영혼이 들어있을지 모른다는 이유로 새를 죽이는 것을 주저할 때 당신을 제정신으로 인정할게요. 안녕히 계세요.

말볼리오 토파스 신부님, 토파스 신부님!

토비 벨치 경 훌륭한 토파스 신부님!

광대 난 뭐든 할 수 있어요.

마리아 수염과 가운 없이도 할 수 있었을 텐데. 그는 너를 볼 수 없었을 테니까.

토비 벨치 경 이번에는 자네 목소리로 그에게 말을 걸어보게. 그리고 그가 어떤지를 나에게 말해주게. 난 이 사기극이 끝났으면 좋겠어. 만약 우리가 그를 풀어줄 편리한 방법을 찾을 수 있다면, 빨리 해결하고 싶어. 조카와 너무 많은 문제로 힘든데 이 속임수가 끝까지 가다가는 안전하지 않을 것 같아. 나중에 내 방으로 오게.

토비 벨치 경과 마리아가 퇴장한다.

광대 (자신의 목소리로 노래한다)

이봐, 로빈, 명랑한 로빈,

너의 아가씨가 어떤지 나에게 말해줘.

말볼리오 바보!

광대 (노래한다)

우리 아가씨는 인색해, 그리고 그건 사실이야.

말볼리오 바보 천치!

광대 (노래한다)

오, 유감이야, 왜 그렇게 인색할까?

말볼리오 아이고, 이 바보!

광대 (노래한다)

그녀는 다른 누군가를 사랑해—누가 소리 지르는 거야?

말볼리오 좋은 바보, 좋은 광대, 초와 펜, 그리고 잉크와 종이를 가져다주면 좋은 대접을 해줄게. 항상 너에게 감사할 거라고 신사로서 약속할게.

광대 말볼리오 어르신?

말볼리오 그렇다, 이 바보야.

광대 불쌍한 친구. 무슨 이유로 그렇게 미치셨나?

말볼리오 이 바보야, 이전에 나만큼 그렇게 학대를 받은 사람은 없을 거야. 난 완전히 제정신이야, 바보야. 난 너만큼이나 정신이 멀쩡하다고.

광대 저만큼 멀쩡하다고요? 그럼 당신은 진짜로 머리가 돌았군요. 당신이 바보 같지 않다면 말이에요.

말볼리오 그들은 나를 쓰레기 취급해. 나를 어둠 속에 가둬두고, 바보 같은 신부를 보내 말을 걸게 하고—저 미친놈들!—내가 미쳤다고 그들이 주장할 수 있는 모든 일을 다하고 있어.

광대 말조심하세요. 신부님이 여기에 계신답니다. (토파스 신부님의 목소리로)말볼리오, 말볼리오, 하느님의 은총으로 제정신이 돌아오기를! 되도록 잠을 자도록 해요. 그리고 허튼 소릴랑 주절대지 말고.

말볼리오 토파스 신부님!

광대 (토파스 신부처럼) 그와 말하지 말게, 친구. (자신의 목소리로) 누구요, 저 말인가요, 신부님? 저는 괜찮습니다, 신부님. 신이 함께 하시기를 기원합니다, 토파스 신부님. 안녕히 가세요, 신부님.

말볼리오 바보, 바보, 이봐, 바보!

광대 제발, 어르신, 조용히 좀 해줘요. 무슨 말을 하고 싶은 건데요, 어르신? 방금 당신과 얘기한 것 때문에 야단을 맞았어요.

말볼리오 좋은 바보가 되어다오, 내가 촛불과 몇 장의 종이를 찾도록 도와줘. 난 일리리아에 있는 어떤 누구보다도 정신이 멀쩡하단 말이야.

광대 그렇다면 얼마나 좋겠어요, 어르신.

말볼리오 확실하네, 맹세할 수 있어. 잉크, 종이, 그리고 촛불을 가져다주게. 내가 편지를 써줄 테니 자네가 아가씨께 가져다 드리게. 이전에 편지를 전달하고 받은 돈보다 훨씬 더 큰 사례를 받게 될 걸세.

광대 제가 도와드리죠. 하지만 솔직히 말해주세요. 제정신이라고 확신하시나요? 아니면 단지 제정신인 척하는 겁니까?

말볼리오 날 믿게, 난 미치지 않았어. 난 진실을 말하는 걸세.

광대 제가 두뇌를 보기 전까진 절대 미친 사람 말을 믿지 않을 거예요. 하지만 촛불, 종이, 그리고 잉크는 가져다 드릴게요.

말볼리오 이 바보야, 사례는 충분히 해줄게. 제발 서둘러다오.

광대 (노래한다)

지금 가요, 어르신, 하지만 곧
당신과 다시 함께 있을 거예요,
당신이 악마를 물리치는 것을 돕고자
나무 단검, 그리고 노여움과 분노에 휩싸인 연기를
흔들어대는, 그리고 악마에게 "워워!"라고 외치는
옛날 연극의 보조원처럼.
그는 소리친다, "손톱을 손질하시오, 늙은이,
그리고 잘 가, 사탄아, 이 농부야."

광대가 퇴장한다.

3장

올리비아 저택의 정원

세바스찬이 등장한다.

세바스찬 이것은 공기, 저것은 영광스런 태양이구나. 그녀가 내게 준 진주를 느끼고 볼 수도 있어. 멍하고 혼란스러워. 그러나 난 제정신이야. 그렇다면, 안토니오는 어디 있지? 코끼리 여관에서 그를 찾을 수 없었어. 하지만 그는 나보다 먼저 그곳에 있었는데, 그리고 사람들은 그가 나를 찾으러 나갔다고 말했어. 나는 정말로 지금 그의 충고를 따라야만 해. 이 상황은 확실히 실수 때문이야, 따라서 내가 미친 게 아니야. 그러나 이 행운의 갑작스런 쇄도가 믿기지 않아. 나는 내 눈과 이성적인 마음을 의심했어. 사람들은 내가 미치지 않았고—어쩌면 그 여자가 미쳤는지 모른다고 말했어. 그러나 그런 경우라면, 그녀는 집안을 다스릴 수 없고, 하인들에게 명령도 못하며, 보고사항을 듣지도 못하고, 결정을 내릴 수도 없을 것이며, 그리고 지금처럼 매끄럽게 일을 처리할 수도 없을 거야. 분명 보이지 않는 무엇인가가 일어나고 있어. 여기 그녀가 온다.

올리비아와 신부가 등장한다.

올리비아 (세바스찬에게) 이렇게 서둔다고 나에게 화내지 말아요. 나를 향한 당신의 의도가 명예롭다면, 저와 신부님과 함께 저쪽 성당으로 가요. 거기서 당신은 나와 결혼 서약을 함으로써, 나의 모든 걱정거리를 달래줄 수 있어요. 당신이 이것을 세상에 공개할 준비가 될 때까지 신부님은 비밀을 지킬 것이고, 우리는 나의 사회적 지위에 맞는 완전한 결혼식을 올릴 수 있어요. 어때요?

세바스찬 당신과 함께 신부님을 따라가겠습니다; 그리고 서약을 하고 영원히 충실할 겁니다.

올리비아 신부님, 그럼 앞장 서세요. 하늘도 밝게 빛나 우리 결혼식을 축복해주길!

그들 모두가 퇴장한다.

제5막

세상은 오래전에 시작됐어,

헤이, 호, 비바람 불었었지,

하지만 상관없어, 우리의 연극은 끝났어,

그래도 우린 여러분을 즐겁게 해주기 위해 매일 노력할 거야.

(1장: 광대의 노래 중에서)

1장

올리비아 저택 앞의 거리

광대와 페이비언이 등장한다.

페이비언 자네가 내 친구라면, 그 사람 편지를 보게 해줘.

광대 상냥한 페이비언 씨, 먼저 부탁 하나 들어 주겠나?

페이비언 뭐든지.

광대 이 편지를 보자고 하지 마.

페이비언 그것은 누군가에게 개를 선물로 주고 그 대가로 개를 다시 달라고 하는 것과 같네.

오시노, 바이올라, 큐리오, 그리고 귀족들이 등장한다.

오시노 나의 친구들, 당신들 모두 올리비아 아가씨의 하인들인가?

광대 예, 나리, 우린 아가씨의 수행원들입니다.

오시노 난 널 알고 있다. 그래 어떤가, 친구?

광대 저는 적들 때문에 더 좋아지고, 친구들 때문에 나빠지고 있습니다.

오시노 그 반대겠지. 친구들 덕택에 좋아지겠지?

광대 아닙니다, 나리, 더 나빠지고 있어요.

오시노 어떻게 그럴 수 있지?

광대 글쎄, 친구들은 저를 칭찬하면서 바보로 만들어요. 반면에 적들은 저를 바보라고 직설적으로 말해요. 적들은 제 자신을 더 잘 이해할 수 있도록 도와줘요. 그것이 장점이죠. 그리고 친구들은 제가 거짓말을 하게 해요. 그것이 단점이죠. 부정 네 개가 긍정 두 개가 되니, 난 친구 때문에 더 나빠지고 그리고 적들 때문에 더 좋아지는 셈이죠.

오시노 아주 훌륭하군.

광대 그렇게 말하지 마세요—만약 공작님이 내 친구 중의 한 명이 되기를 원하지 않는다면요.

오시노 (그에게 동전 하나를 주며) 자넨 나 때문에 더 나빠지지는 않을 걸세: 이 돈 받게나.

광대 공작님은 저를 참 잘 다루시네요. 하지만 이중 거래가 아니라면, 다른 거래를 해주셨으면 합니다.

오시노 오 넌 이중 거래를 부추기는 장난꾸러기구나.

광대 당신의 미덕과 고귀함을 이번 한 번만 무시하세요, 나리, 어서요.

오시노 그럼, 난 이중 거래의 죄를 범하고, 너에게 두 번째 동전을 주지. 여기 있어. (또 하나의 동전을 그에게 준다)

광대 그럼 세 번째 동전도? 공작님도 아시다시피 "인생은 삼 세판이야"라고 불리는 게임이 있어요, 이 게임은 재미있고, 사람들은 항상 3이 마법의 숫자라고 말해요. 3박자 리듬은 춤추기에 좋고, 그리고 교회 종소리도—하나, 둘, 셋 이렇게 울리잖아요.

오시노 넌 지금 당장은 나에게서 더 이상의 돈을 얻어낼 수 없어. 만약 내가 아가씨를 만나려고 여기에 있다는 것을 아가씨께 전하고, 돌아올 때 아가씨를 모셔온다면, 내가 훨씬 관대해질지도 모르지.

광대 그럼 공작님의 관대함에 자장가를 불러주세요: 공작님의 관대함은 제가 돌아올 때까지 낮잠을 잘 거예요. 하지만 제가 욕심이 많아서 이러는 거라고 생각하지는 마세요. 곧 돌아와서 그 관대함을 깨울 테니까요.

광대가 퇴장한다.

바이올라 저를 구해준 분이 여기 오시는군요, 공작님.

안토니오와 경관들이 등장한다.

오시노 난 저자의 얼굴을 잘 기억하고 있다. 마지막으로 내가 그를 보았을 때는 전쟁의 연기로 검게 그을려 있었다. 그는 너무 작아서 사실상 쓸모없는 엉성한 배의 선장이었다. 하지만 그 작은 보트로 그는 우리 함대에서 가장 큰 전함과 격렬한 전투를 벌였고 그래서 우리는 그가 비록 우리에게 많은 손해를 입

혔음에도 불구하고 그의 용기와 기술에 감탄할 수밖에 없었다. —무슨 일인가?

경관1 공작님, 이자가 공작님의 어린 조카 티투스가 다리를 잃은 전투 중에 우리 배, 타이거를 점령하고 크레타섬에서 피닉스를 약탈해 간 바로 그 안토니오입니다. 거리에서 싸우고 있기에 우린 그를 체포했습니다. 우리가 여기서 세심히 살피고 있는 것을 그는 미처 몰랐던 것 같아요.

바이올라 그는 내게 친절했고 싸움에서 내 편을 들어주었어요. 하지만 그는 내게 이상한 말을 했어요. 그는 미쳤을지도 몰라요. 나는 그 밖에 무슨 일이 일어났는지도 몰라요.

오시노 하지만 당신은 유명한 해적이야! 바다의 달인인 도둑! 무엇이 대체 당신들과 전투를 했던 적을 방문할 만큼 당신을 어리석고 부주의하게 만들었지?

안토니오 오시노 공작님, 제발 저를 그렇게 부르지 마세요. 전 도둑도 해적도 아닙니다만, 좋은 이유로 당신의 적이라는 것을 인정합니다. 전 누군가가 나에게 마법을 걸었기에 여기에 왔습니다. 전 익사할뻔한 당신 옆에 있는 바로 저 배은망덕한 소년을 구해줬지요. 그는 거의 희망이 없는 난파선에 있었어요. 난 그의 생명을 구해줬고, 조건 없이 내 사랑을 그에게 주었어요. 난 그에게 헌신했어요. 그를 위해 이 불친절한 마을을 다시 방문할 위험을 무릅쓰고, 그가 곤경에 처했을 때 나는 그를 방어하기 위해 칼을 뽑았어요. 그러나 경찰이 우리를 체포하자, 그는 이전에 나를 만난 적이 없는척할 만큼 충분히 영리하게 배신자로 돌변했어요. 나를 알지 못하는 척 행동했답니다. 제 지갑도 주지 않았어요, 불과 30분 전에 빌려준 지갑을.

바이올라 어떻게 그게 가능하죠?

오시노 (안토니오에게) 언제 그가 이 마을에 왔지?

안토니오 오늘 왔습니다, 공작님. 지난 석 달 동안, 우리 두 사람은 밤낮을 함께 지냈어요.

올리비아와 시종들이 등장한다.

오시노 아, 저기 아가씨가 오시는군! 천사가 땅 위를 걸어오고 있는 듯 하구나! 이봐, 젊은이, 자네 말은 앞뒤가 맞지 않아. 이 젊은이는 석 달 동안 나의 시중을 들어왔어. 이 얘긴 나중에 하세. (경관 1에게) 이자를 저리로 데려가시오.

올리비아 제가 공작님께 바칠 수 없는 사랑을 제외하고, 공작님께서는 저에게 무엇을 원하시죠? 세자리오, 당신은 약속을 어겼어.

바이올라 아가씨?

오시노 경외하는 올리비아 아가씨—

올리비아 뭐라고 말씀이라도 해주세요, 세자리오? 나의 주인님, 제발 부탁드려요—

바이올라 제 주인님께서 말씀드리고 싶어 하십니다. 조용히 하는 게

제 임무입니다.

올리비아 당신이 예전에 했던 말과 비슷한 말을 해야만 한다면, 아름다운 음악을 듣고 난 뒤의 거친 비명처럼, 내 귀에 역겨울 거예요.

오시노 아직도 그렇게 잔인한가요?

올리비아 저는 여전히 충실합니다, 공작님.

오시노 뭐라고, 비열하고 못된 행동에 충실한 건가요? 당신은 예의가 없군요! 나는 헌신적인 어떤 사람이 제안하여 당신의 배은망덕한 제단에 가장 충실한 내 영혼을 바쳐왔소. ―더 이상 무엇을 어떻게 할까요?

올리비아 사회적으로 합당한 일이라면 무엇이든 해도 좋아요.

오시노 죽기 전에 사랑하는 여자를 죽인 이집트 도둑처럼 제가 행동해야만 하나요? 그러한 야만적인 질투심은 때때로 고결해 보이기도 하지요. 그러나 제 말 잘 들어요. 당신을 향해 내가 느끼는 사랑을 당신이 계속해서 부정하고, 당신의 마음속에서 내 자리를 빼앗은 사람이 누구인지를 안 이후로, 당신은 계속해서 냉정하게 굴 수 있지만, 난 당신에게서 이 젊은이를 빼앗아 갈 겁니다. 그는 주인이 자신을 사랑하는 것을 알아요. 그가 나에게 소중한 사람일지라도, 당신이 그를 사랑한다는 걸 알기에 난 이렇게 하는 겁니다. 세자리오, 나에게 오라. 난 극단적인 행동을 할 준비가 되어 있소. 무정한 마음을 가진 아름다운 여자를 괴롭히기 위해, 내가 좋아하는 이 소년을 희생물로 삼을 것이요.

바이올라 공작님의 마음을 편안하게 해드릴 수만 있다면, 천 번 만 번 기꺼이 죽어드리죠.

올리비아 세자리오, 어디 가시죠?

바이올라 저의 이 두 눈보다도, 저의 목숨보다도 더 사랑하는 사람을 따라가겠어요. 미래의 아내를 사랑하는 것보다 더 사랑하는 사람을 따라가겠어요. 사실입니다. 천국에 있는 천사들이 나의 증인이며, 내 사랑이 얼마나 순수한지 알 수 있을 거예요.

올리비아 아, 얼마나 끔찍한 일인가, 이용당한 느낌이야! 내가 속다니!

바이올라 누가 아가씨를 속였나요? 누가 농락을 했단 말입니까?

올리비아 당신은 완전히 잊었나요? 그렇게 오래 됐나요? 신부님을 모셔와요.

시종 한 사람이 퇴장한다.

오시노 (바이올라에게) 자 가자!

올리비아 어디로 간단 말이에요, 공작님? 세자리오, 나의 남편. 거기에 머물러요.

오시노 남편?

올리비아 예, 남편이에요. 그가 부인할 수 있을까요?

오시노 네가 저 여자의 남편이냐, 얘야?

바이올라 아닙니다, 주인님, 제가 아닙니다.

올리비아 당신은 두려워서, 당신의 정체성을 숨기는군요. 그러나 두려워하지 말아요, 세자리오. 당신에게 오는 행운을 받아들여요. 당신이 누군지 아는 사람이 되세요. 그러면 당신이 두려워하는 이 사람만큼 강력한 사람이 될 거예요.

신부가 등장한다.

올리비아 오, 안녕하세요, 신부님! 신부님, 저와 이 젊은이 사이에 어떤 일이 일어났는지 이 사람들에게 말씀해 주시겠어요? (우리가 숨기고자 했으나, 지금 상황은 모든 것이 밝혀져야 할 필요가 있습니다)

신부 이 두 사람은 영원히 사랑하고 함께 하겠다는 백년가약을 맺었습니다. 그리고 그것은 거룩한 키스와 반지 교환으로 증명되었어요. 신부로서 이 모든 의식을 목격했습니다. 두 시간 전에 이루어진 일입니다.

오시노 (바이올라에게) 오, 이 거짓말쟁이야! 나이가 들면 얼마나 더 뻔뻔해질까? 아마도 넌 이 능숙한 속임수로 인해 파멸될 것이다. 잘 가라, 그리고 그녀를 데려가라. 너와 내가 만날 가능성이 있는 곳이라면 그 어떤 곳에라도 발을 내딛지 마라.

바이올라 공작님, 절대 그런 일은 없을 겁니다.

올리비아 오, 맹세하지 말아요! 비록 두렵다 하더라도, 조금만 정직해지세요.

앤드루 경이 등장한다.

앤드루 경 제발, 의사를 불러줘요! 토비 경은 당장 도움이 필요해요.

올리비아 무슨 일이에요?

앤드루 경 그놈이 제 머리를 박살냈어요. 토비 경 또한 머리에 피투성이고요. 제발, 도와줘요! 지금 당장 집에서 안전할 수 있다면 40파운드를 줄 수도 있어요.

올리비아 누가 그랬나요, 앤드루 경?

앤드루 경 공작님의 시종, 세자리오란 놈이 그랬어요. 그를 겁쟁이로 생각했는데, 악마처럼 싸우더군요.

오시노 내 시종 세자리오라고?

앤드루 경 나, 원 세상에, 저기 있네요!—당신은 이유 없이 내 머리를 깼소. 내가 당신 머리를 깬 건 토비 경이 시켜서 한 것이요.

바이올라 그 얘길 왜 나한테 하십니까? 난 결코 당신을 해치지 않았어요. 당신은 아무 이유 없이 나에게 칼을 휘둘렀지만, 나는 당신에게 잘 대해 주었어요. 난 당신을 해치지 않았어요.

앤드루 경 피 묻은 머리가 해쳤다는 증거인데 당신이 해치지 않았다고? 당신은 피 묻은 머리 정도는 특별한 것이 아니라고 생각하는 모양이군.

토비 벨치 경과 광대가 등장한다.

앤드루 경 여기 토비 경이 오는군, 절뚝거리며. 그는 당신에게 더 많은 이야기를 해줄 것이오. 만약 술에 취하지 않았다면, 그는 정말로 당신을 거칠게 다루었을 것이요.

오시노 어찌 된 일이오, 토비 경, 잘 지내는가?

토비 벨치 경 제가 어떤지는 상관없어요. 그는 나를 해쳤어요, 그리고 그게 전부에요. (광대에게) 광대 양반, 의사 선생 딕을 본 적 있는가?

광대 오, 그는 한 시간 내내 취해있었어요, 토비 경님. 그는 아침 8시 경에 벌써 눈에 초점을 잃기 시작했어요.

토비 벨치 경 술 취한 불한당은 정말 싫다니까.

올리비아 그를 데려가! 누가 그에게 이렇게 상처를 입혔나?

앤드루 경 내가 도와줄게, 토비 경. 그들은 우리 상처를 함께 치료해 줄 거야.

토비 벨치 경 나를 도와주겠나?—바보, 이 잘 속는 바보야!

올리비아 침실로 데려가서 상처를 돌봐드려요.

광대, 페이비언, 토비 벨치 경, 그리고 앤드루 경이 퇴장한다.

세바스찬이 등장한다.

세바스찬 아가씨, 친척분에게 상처를 입혀 죄송합니다. 그러나 내 안전이 위태로웠기 때문에 형제라도 어쩔 수 없는 상황이었을 겁니다. 아가씨께서 저를 이상하게 바라보고 계시네요. 기분이

상하신 것 같아요. 그러나 우리가 최근에 서로에게 한 맹세를 위해 제발 용서해 주세요.

오시노 같은 얼굴, 같은 목소리, 같은 복장, 그런데 두 사람! 마치 착시 현상 같구나. 같은 사람인데 다른 사람인 양!

세바스찬 안토니오, 오 나의 소중한 안토니오! 당신을 잃어버린 후, 난 너무 고통스러웠어!

안토니오 그럼 당신이 세바스찬?

세바스찬 의심하는 건가? 안토니오?

안토니오 어떻게 자네가 두 사람이 되었는가? 이 두 사람은 사과 하나를 두 쪽으로 갈라놓은 것과 꼭 같군요. 누가 세바스찬이오?

올리비아 정말 믿을 수가 없군!

세바스찬 (바이올라를 바라보며) 저쪽에 서있는 사람이 나란 말이요? 난 형제가 없소, 난 절대로 동시에 두 장소에 있을 수 있는 신이 아니요. 익사한 여동생은 있었어요. 내가 어떻게 당신과 연관이 있는지 말해줘요. 당신은 어디에서 왔나요? 이름이 뭐죠? 부모님은 누구죠?

바이올라 메사린에서 왔어요. 세바스찬은 아버지 성함이에요, 오빠도 세바스찬입니다. 오빠가 익사했을 때 당신과 똑같은 복장을 하고 있었어요. 만약 혼령이 누군가의 몸과 의복을 가져갈 수 있다면, 당신이 우리를 놀려주려는 바로 그 혼령임에 틀림없나 보군요.

세바스찬 내가 바로 그 혼령이요, 그렇소, 난 영혼을 가진 혼령이오. 그러나 내 혼령은 영혼이 있는 육체를 가졌소. 내가 자궁에 있을 때부터 지녔던 바로 그 육체란 말이요. 만약 당신이 여자라면, 난 지금 당신을 안고 울면서, "돌아온 걸 환영한다, 익사한 바이올라!"라고 말할 거예요.

바이올라 저의 아버지 이마에는 점이 있어요.

세바스찬 나의 아버지도.

바이올라 아버지는 바이올라의 13번째 생일에 돌아가셨어요.

세바스찬 오, 얼마나 생생하게 기억나는지! 사실이야. 아버지는 누이동생이 열세 살이 되는 바로 그날에 돌아가셨어.

바이올라 우리의 기쁨을 방해하는 유일한 이유가 내가 남장을 한 복장 때문이라면, 의심의 장막이 걷힐 때까지는 나를 안아주지 마세요. 여기 시내에 있는 바다 선장에게 데려다 드리죠. 제 여자 옷을 창고에 보관해두고 있거든요. 그분이 내 목숨을 구해 주어서 이 공작님의 시중을 들게 되었어요. 그때부터 저에게 일어난 모든 일은 이 아가씨와 공작님과의 관계에 다 연관되어 있어요.

세바스찬 (올리비아에게) 당신은 저를 누이동생으로 잘못 보셨군요, 부인. 그러나 자연은 모든 것을 해결해 주었어요, 내 여동생에 대한 당신의 사랑을 나를 위한 사랑으로 바꾸어서. 그렇지 않았다면, 당신은 젊은 여자와 결혼했을 뻔했소. 그렇다고 결코 속은 것은 아닙니다. 당신은 그 처녀와 다름없는 남자와 결혼을 했으니.

오시노 (올리비아에게) 충격 받지 마세요. 그의 혈통은 귀족이요. 만약 보이는 대로 이 모든 것이 사실이라면, 난 운 좋은 난파선에서 한 몫을 챙기게 될 것 같군요. (바이올라에게) 이보게, 자넨 나를 사랑하는 만큼 어떤 여자도 사랑하지 않겠다고 천 번이나 말했네.

바이올라 제가 이전에 말했던 모든 것을 다시 한 번 말씀드릴게요. 진심으로 맹세합니다.

오시노 손을 이리 주오. 여자 차림을 한 당신을 보고 싶소.

바이올라 저를 이 해변가로 데려온 선장이 제 옷을 보관하고 있습니다. 어떤 이유에선지 그분은 말볼리오와의 문제로 소송에 걸려 지금 옥살이를 하고 있습니다. 말볼리오는 아가씨의 측근인 신사 양반입니다.

올리비아 그를 풀어주겠어요.

페이비언과 광대가 편지를 가지고 등장한다.

올리비아 가서 말볼리오를 데려와라—하지만, 오, 안 돼! 그 불쌍한 남자가 정신병자라고 사람들이 말하던 것이 이제 기억이 나는군. 나는 너무 미쳐서 그에 대한 모든 것을 잊고 있었어. (광대에게) 말볼리오는 어떻게 하고 있는지 아는가?

광대 아가씨, 디친 사람이 흔히 그러하듯 마귀를 쫓아내려고 발버둥치고 있습니다. 아가씨께 편지를 써 주셨어요. 오늘 아침 아가씨께 그 편지를 드렸어야 했지만 미친 사람의 편지는 복음서가 아니므로, 조금 늦게 드린다 해도 상관없을 것 같긴 해서요.

올리비아 편지를 열어 읽어보게.

광대 바보가 미친 사람의 말을 나열할 때는 배울 것이 많습니다.

(그는 읽는다)

"하느님께 맹세합니다, 아가씨," —

올리비아 자네는 또 왜 그렇게 말하는가? 자네도 미쳤어?

광대 아닙니다, 아가씨, 전 그저 미친 사람의 편지를 읽고 있습니다. 만약 아가씨께서 제가 정확히 읽기를 원하신다면, 이렇게 미친 사람의 목소리로 읽도록 놔두셔야 할것 입니다.

올리비아 아니, 제발, 제정신인 사람처럼 읽어다오.

광대 그럴게요, 아가씨, 하지만 이 편지는 제정신인 사람이 읽어도 미친 소리로 들릴 거예요. 그러니 잘 들으세요, 아가씨.

올리비아 (페이비언에게 편지를 주며) 자네가 읽게나.

페이비언 (그는 읽는다)

"하느님께 맹세컨대, 아가씨, 당신은 저에게 모욕감을 주었어요, 그래서 전 그 사실을 온 세상에 알릴 거예요. 당신은 날 어두운 방에 가둬 놓고 술 취한 사촌에게 권한을 줬어요, 그러나 난 당신처럼 정신이 멀쩡합니다. 전 제가 했던 방법대로 행동하라고 격려하는 편지를 당신으로부터 받았어요. 만약 제가 그 편지를 가지고 있지 않다면, 내가 옳고, 당신이 틀렸다는 것을 증명할 수 없었을 거예요.

당신이 날 어떻게 생각하든 상관없어요. 전 당신에 대한 저의 의무를
아주 조금 잊고 저에게 준 상처를 불평할 겁니다.
광인 취급을 받은 말볼리오 올림."

올리비아 이 편지를 말볼리오가 쓴 것이오?

광대 예, 그렇습니다, 아가씨.

오시노 미친 사람이 쓴 편지처럼 들리지 않는구나.

올리비아 그 사람을 풀어줘요, 페이비언. 그를 이리로 데려 오시오.

페이비언이 퇴장한다.

올리비아 공작님, 이번 일을 조금 더 생각해보신 후 저를 아내대신 처남댁으로 받아주시기 바랍니다. 당신이 원하시면, 내일 바로라도 이 집에서 결혼식을 할 수 있습니다. 제가 모든 비용을 다 지불하겠습니다.

오시노 아가씨, 기꺼이 그 제안을 받아들이겠소. (바이올라에게) 그러니 당신은 이제부터 자유야. 나는 당신이 양반 가문의 여자와는 전혀 다르게 나에게 충성을 다했기 때문에 당신에게 청혼을 하오. 당신은 너무 오랫동안 나를 "주인님"이라 불렀어. 이제 당신은 주인의 아내가 될 것이요.

올리비아 (바이올라에게) 당신은 내 시누이가 될 거에요!

페이비언이 말볼리오와 함께 등장한다.

오시노 이 사람이 바로 미친 자요?

올리비아 그렇습니다, 공작님. 어떻게 된 거에요, 말볼리오?

말볼리오 아가씨, 당신은 저를 너무 비정하게 대하셨어요, 너무도 비정하게.

올리비아 내가 그랬다고, 말볼리오? 그런 적 없어.

말볼리오 (그는 올리비아에게 편지 한 장을 건넨다) 당신이 그랬어요. 이 편지를 한 번 보세요. 당신의 필체임을 부인할 수 없을 겁니다. 어디 당신의 필체가 아닌 척해 보시죠, 당신의 이름이 새겨진 도장이 아닌 척해 보시죠. 당신은 그렇게 할 수 없어요. 그러니 인정하세요. 그리고 솔직하게 말하세요. 왜 당신은 나에게 그렇게 친절함을 보여 주었으며 또 나에게 당신을 보고 웃으라고 했나요? 그리고 왜 노란색 스타킹을 신고 십자가 모양으로 끈을 매라고 했으며 토비 경과 하인들에게 무례하게 굴라고 했나요? 그리고 내가 당신의 지시를 완벽하게 따르자 왜 어두운 집에 나를 가두었는지 말해 주세요. 당신은 어떤 사람도 속인 적이 없는 나를 가장 큰 바보로 만들었어요. 왜 당신이 그렇게 했는지 나에게 말해줘요.

올리비아 미안해요, 말볼리오. 이것은 내가 쓴 게 아니에요. 그러나 내 필체와 닮은 것은 인정할게요. 그건 분명히 마리아의 필체예요. 이제 생각해 보니, 당신이 미쳤다고 나에게 처음으로 말한 사람이 바로 마리아예요. 그때 당신은 편지에서 말한 것과 똑같은 차림새로 입고 나에게 미소 지었고 또 편지에서 하라는 대로 똑같이 행동했어요. 누군가 당신에게 아주 심술궂은 장난을 치긴 했지만, 우리가 그 사람을 알아낸다면, 당신은 피해자가 아니라, 범인을 선고하는 판사가 될 거예요. 장담할 수 있어요.

페이비언 아가씨, 한 마디만 하게 해주세요. 제발 이 아름답고 기적적인 순간을 파멸로 이끄는 사소한 다툼도 허락하지 마세요. 토비 경과 제가 말볼리오의 엄격하고 강압적인 성격이 싫어서 이 일을 꾸몄다는 것을 고백합니다. 토비 경은 마리아에게 이 편지를 쓰게 했으며, 그 보답으로 그녀와 결혼했습니다. 어느 한쪽의 잘못이라기보다는 서로 피해를 주었으니 이 장난에 화를 내기보다는 웃어야만 할 것입니다.

올리비아 (말볼리오에게) 오, 가엾은 바보, 그들이 정말로 당신을 모욕했군요!

광대 글쎄요, 당신도 알다시피, "어떤 사람은 높은 신분으로 태어나고, 어떤 사람은 높은 신분을 성취할 수도 있고, 그리고 어떤 사람들은 높은 신분을 타인으로부터 얻을 수도 있는 법입니다." 어쨌든, 전 이 장난에 가담했습니다. 아가씨, 전 토파스 경이라는 신부인 척했습니다. 그러나 그게 무슨 상관이죠? (그는 말볼리오를 흉내 낸다) "맹세해, 바보야, 난 미치지 않았어."—하지만 그가 전에 나에 대해 말했던 것을 기억하나요? "당신이 이 바보 같은 말썽꾸러기와의 교제를 즐기다니 전 놀라웠어요—누군가가 그를 비웃지 않는다면, 그는 할 말조차 생각지도 않을 겁니다." 모든 건 인과응보잖아요.

말볼리오 당신들 한 사람도 빼놓지 않고 복수할 테다!

말볼리오가 퇴장한다.

올리비아 정말 끔찍하게 속았나봐.

오시노 쫓아가서 조금이나마 진정시켜 보게.

몇 명이 퇴장한다.

오시노 그는 여전히 우리에게 선장에 대해선 말하지 않았어. 그 일이 해결되고 시간이 맞으면 우리 모두 결혼할거야. 그때까지 우린 여기에 머무르겠네, 소중한 나의 처남댁. 세자리오, 이리 와. 난 네가 남장을 하고 있는 동안은 세자리오로 부를 거야. 그러나 여자 옷을 입는 순간부터, 내 꿈의 여왕, 오시노의 진정한 사랑이 될 거야.

광대를 제외한 모든 사람이 퇴장한다.

광대 (그는 노래한다)

내가 작은 꼬마였을 때,
헤이, 호, 비바람 불었었지,
바보짓은 별로 문제가 되지 않았어,
날마다 내리는 비 때문에.

하지만 내가 어른이 되었을 때,

헤이, 호, 비바람 불었었지,

사람들은 나쁜 녀석들 그리고 도둑들과 얘기하는 것을 멈췄어,

날마다 내리는 비 때문에.

하지만 아, 너무 불행한 결혼을 했을 때 ,

헤이, 호, 비바람 불었었지,

자랑하고 과시하는 건 소용이 없었어,

날마다 내리는 비 때문에.

하지만 내가 잠자리에 들 때,

헤이, 호, 비바람 불었었지,

술에 취한 바보들은 정신이 나가있었어,

날마다 내리는 비 때문에.

세상은 오래전에 시작됐어,

헤이, 호, 비바람 불었었지,

하지만 상관없어, 우리의 연극은 끝났어,

그래도 우린 여러분을 즐겁게 해주기 위해 매일 노력할 거야.

광대가 퇴장한다.

작품 해설

세익스피어는 1906년 잡지 『조양보』(朝陽報)에 영국의 위대한 사상가 '세이구스비아'로 한국에 처음 소개되었다. 그 후 그는 색사비아, 색사피아, 색스피어, 쇠익쓰피여, 쌕-스피아 등의 다양한 이름으로 불리면서 한국에 정착하기 시작했다. 그가 영국의 극작가로서 한국에 제대로 알려지게 된 것은 번역가 현철玄哲이 1921년 5월부터 1922년 말까지 『개벽』이라는 잡지에 연재한 「하믈레트」(지금의 햄릿)을 통해서다. 세익스피어가 이 땅에서 한국인들과 동고동락同苦同樂한 지가 약 112년이 되는 셈이다. 시간이 흐르면 절정에 달했던 인기도 덧없이 사라지는 것이 일반적인 세상의 진리일 것이다. 그럼에도 불구하고 한 세기가 훌쩍 지난 지금에도 많은 사람들의 가슴속에 살아 숨 쉬는 위대한 작가 세익스피어의 작품들은 시공은 물론 인종을 초월한 고전 문학임에 틀림이 없다. 전 세계인은 세익스피어의 다양한 작품으로 이 순간도 축제를 즐기기 때문이다.

찰리 채플린은 "인생은 멀리서 보면 희극, 가까이서 보면 비극이다."라는 명언을 남겼다. 때로는 비극이 희극도 될 수 있고, 희극이 비극도 될 수 있다는 의미다. 어떤 관점에서 보느냐에 따라 인생이 달라진다는 것이다. 마음이 육체를 지배하고 인생을 지배하고 세상을 지배하는 원동력이기 때문이다. 셰익스피어만큼 이러한 명제를 실천하고자 불완전한 인간의 마음을 끊임없이 파헤친 작가도 드물 것이다. 그의 비극 작품은 물론 희극 작품에서도 말이다. 사이퍼 Wylie Sypher는 비극을 탄생-투쟁-죽음으로, 그리고 희극을 탄생-투쟁-죽음-부활이라는 사이클로 정의했다. 이러한 측면에서 희극은 비극보다 심오한 것으로 간주된다. 희극은 고통과 죽음이라는 비극적인 운명을 초월하여 새로운 삶의 의지를 지향하기 때문이다. 이러한 삶의 의지로 어떠한 역경이 몰아치더라도 세상과 맞설 수 있는 지혜, 위트, 힐링을 만끽할 수 있는 공간이 바로 셰익스피어의 희극 작품이 아닌가 싶다. 특히 매년 여름이면 여러 극단에서 어김없이 공연하며 여름문화의 아이콘으로 자리매김을 한 『한여름 밤의 꿈』과 숲에서 풍자가 주는 의미를 곱씹게 만들고 녹록지 못한 인생살이에 한바탕 웃음을 선사하는 『열두 번째 밤』은 많은 사람들이 쉽게 접할 수 있는 작품이라 생각한다.

위의 두 작품은 셰익스피어의 다른 희극들처럼 주요 주제가 사랑이다. 사랑이라는 주요 테마를 골격으로 노래, 변장술, 광대의 놀이, 일탈행위, 몰래 엿듣기, 속임수 등의 극적 장치를 사용하여 재미를 증폭시킨다. 이와 같은 희극적 장치들을 구성하는 요소들로는 사랑,

축제, 변형 또는 변장, 놀이, 결혼 등이 있다. 따라서 이러한 공통점을 키워드로 두 작품을 설명해 보면 다음과 같다.

1) 작품의 기원: 축제

고대로부터 희극은 여러 가지 축제일과 연관이 있다. 축제는 풍요, 다산, 그리고 평안 등 사람들의 다양한 염원을 기리는 의식행위이다. 따라서 축제 정신은 바로 놀이의 정신이다. 모든 윤리적, 도덕적, 사회적, 종교적인 구속과 제약에서 벗어나 마음껏 웃음을 터뜨리고 최고의 해방감과 자유를 느끼게 하는 것이 축제 정신의 본질이다. 콕스Harvey Cox에 의하면 평상시에 억압당하고 있던 감정을 마음껏 발산할 수 있는 날이 축제일인데 이날에는 보통 때에는 있을 수 없는 일들이 묵인되거나 공인된다고 설명한다. 이러한 축제 정신을 바흐찐Mikhal Bakhtin은 "성스러운 것과 속된 것, 높은 것과 낮은 것, 위대한 것과 열등한 것 등이 서로 조화되고 결합된다."라는 카니발 이론으로 설명한다.

『한여름 밤의 꿈』: 한여름 밤이란 일 년 중 낮이 가장 긴 하지, 즉 양력으로 6월 21일경을 말하며 또 다른 의미로는 Midsummer day와 Midsummer night으로 각각 6월 24일의 세례자 요한 탄생 축일과 그 전야인 6월 23일을 가리킨다. 서양에서는 예로부터 이날 밤에 기이하고 신비로운 일이 벌어진다는 이야기가 전해 내려오고 있다.

따라서 이 작품은 궁정이라는 현실에서는 라이샌더와 드미트리우스가 동시에 허미아를 좋아했으나, 숲이라는 꿈의 세계에서는 사랑의 미약으로 인해 두 남자의 사랑이 동시에 헬레나로 이동하는 기이한 일이 벌어지게 되는 것이다. 또한 당나귀 머리를 쓴 노동자 보톰과 요정의 여왕, 티타니아의 사랑도 존재하게 되는 것이다. 이 사랑은 평상시에는 불가능하지만 카니발 세계에서는 인정된다는 축제 정신에 기반을 두고 있다.

『열두 번째 밤』: 열두 번째 밤은 크리스마스로부터 12일이 지난 1월 6일을 의미한다. 이는 예수의 탄생을 축하하는 축일로 크리스마스 축제 기간의 마지막 날이다. 유럽에서는 크리스마스에서 축제 기간이 끝나는 1월 6일 밤까지 여러 행사와 여흥을 벌이는 전통이 있었다. 따라서 이 작품은 축제용 작품으로 추정할 수 있으며, 소재는 리치Barnaby Riche가 쓴 『이제 군인은 그만』(Farewell to Militarie Profession)중 「아폴로니어스와 실라의 이야기」("Historie of Apolonius and Silla")에서 일부 얻어왔다고 전해진다. 극의 배경이 되는 일리리아는 실제로 발칸반도 서부 아드리아해 동쪽에 있었던 고대 국가인데, 작품 속에서 이곳은 낭만과 꿈이 가득한 유토피아적 공간으로 그려진다. 이러한 공간이기에 남장을 한 바이올라/세자리오는 오시노 공작과, 그리고 그녀의 오빠인 세바스찬은 자신의 여동생을 사랑한 올리비아 백작과 결혼을 하게 되는 것이다. 또한 이날에는 속임수를 써서 누군가를 골탕 먹이며 즐기는 여흥도 허락된다. 따라서 토비 벨치 경과, 앤드루 경, 그리고 마리아가 합작하여 말볼리오에게 가짜 올리비아의 편지를 읽도록 한다. 말볼리오는 그 편지 내용에 따라 노란 스타킹에 십자 대님을 매고 나타나 마치 자신이 올리비아의 남편이 되어 백작이 된 것처럼 행동하는 모습을 보고 즐기는 것 또한 축제 기간이기에 가능한 것이다.

2) 사랑의 3중 구조: 이별 단계, 변이 단계, 그리고 통합의 단계

셰익스피어의 희극은 주로 청춘 남녀의 사랑을 다룬다. 이들의 사랑은 대부분 가족 간의 갈등, 기존 질서와의 충돌, 그리고 천재지변 같은 어쩔 수 없는 상황에 부딪혀 이별의 순간을 맞이한다. 사랑의 갈등이 사회적, 정치적 음모와 서로 복잡하게 얽혀 있다가 극의 마지막 부분에서는 모든 갈등이 해결되고 진정한 사랑을 찾아 유쾌하고 행복한 결혼식 축하연으로 끝난다. 이와 같이 대부분의 희극은 오해로 인한 질투와 분쟁이 조정되며 일탈된 등장인물들이 다시 기존의 집단에 소속되는 과정을 그린다. 이 과정에서 개인과 집단이 통합되어 공동사회가 회복됨으로써 화해와 행복의 정신을 구현한다고 볼 수 있다. 이와 같은 측면에서 비평가 베리Edward Berry는 통과의례라는 3단계 과정으로 셰익스피어의 희극 공간을 보다 투명하게 밝힌다. 이것은 한 개인이 친숙한 환경으로부터 떨어져 나가는 이별 단계, 과거의 정체성은 파괴되고 새로운 것이 창조되는 변이 단계,

그리고 개인이 새로운 역할을 하는 사회로 소속되는 통합의 단계로 진행된다.

『한여름 밤의 꿈』: 아테네 도시를 다스리는 공작 테세우스와 연인 히폴리타, 그 도시에 사는 젊은 두 쌍의 연인들, 그리고 요정의 나라에서 사는 오베론과 티타니아의 사랑 이야기와 그 주변에서 일어나는 에피소드로 구성되어 있다. 그중에서 주가 되는 젊은 두 쌍, 허미아와 라이샌더, 그리고 헬레나와 드미트리우스의 파란만장한 사랑의 구조를 살펴본다. 아테네의 귀족 처녀인 허미아는 아버지의 뜻에 따라 드미트리우스와 결혼을 해야만 한다. 하지만 그녀는 라이샌더를 사랑한다. 따라서 이들은 국법을 어기고 숲으로 도망친다. 헬레나는 한때 연인이었으나 지금은 허미아를 좋아하는 드미트리우스에게 이 사실을 알린다. 드미트리우스가 그들을 쫓아 숲으로 가자 헬레나는 여전히 사랑하는 드미트리우스를 쫓아 숲으로 간다. 숲에서 사랑의 미약으로 인해 두 남자가 모두 헬레나에게 사랑을 구한다. 도시에서는 두 남자가 허미아를 좋아했으나 숲에서는 헬레나를 좋아하게 되는 것이다. 이로 인한 연인들의 혼란과 싸움으로 한바탕의 소동이 있은 후 다시 사랑의 미약으로 각각의 연인은 자신의 짝을 찾는다. 두 쌍의 젊은 연인들은 다시 아테네의 도시로 나와 공작 테세우스와 히폴리타의 결혼식 날 같이 식을 올린다. 즉 도시-숲-도시로의 이동을 통해 연인들이 뒤바뀌는 변이 과정을 거치고 난 뒤 다시 회복되어 결혼이라는 통합의 단계를 보여주는 것이다.

『열두 번째 밤』: 오시노 공작과 바이올라, 세바스찬과 올리비아 백작, 그리고 올리비아 백작의 삼촌인 토비 벨치 경과 마리아의 사랑 이야기와 그의 주변에서 벌어지는 에피소드라 할 수 있다. 그중에서 주가 되는 두 쌍, 오시노 공작과 바이올라 그리고 세바스찬과 올리비아 백작의 사랑의 구조를 살펴본다. 메사린에 살던 세바스찬과 바이올라는 구별하기가 힘들 정도로 똑같아 보이는 일란성 쌍둥이 남매다. 어느 날 이들이 항해를 하던 중 폭풍을 만나 배가 난파된다. 바이올라는 겨우 목숨을 부지한 채 일리리아 바닷가에 도착하여 세자리오라는 남자로 변장을 하고 오시노 공작의 시종으로 들어간다. 한편 오시노 공작은 올리비아를 연모하여 청혼을 하지만 거절을 당한다. 오빠의 죽음으로 슬퍼하던 올리비아는 7년간 아무도 만나지 않겠다고 다짐했기 때문이다. 그런데도 오시노 공작은 올리비아에게 바이올라를 보내 계속 청혼을 한다. 올리비아는 공작이 아니라 변장한 바이올라를 사랑하게 된다. 바이올라는 공작의 사랑을 전달할 뿐 올리비아의 구애에 흔들림이 없다. 그 와중에 세바스찬이 일리리아에 온다. 올리비아는 그를 바이올라로 착각하고 성급하게 결혼식을 올린다. 이로 인해 바이올라와 세바스찬의 정체성이 밝혀지고 오시노 공작과 바이올라가 결혼을 하게 된다. 즉 도시-해안가-도시로의 이동을 통해 바이올라가 남장을 한 채 살아야 했던 변이 과정을 거쳐 결국 여성이라는 정체성을 회복한 후 공작과 결혼을 하는 통합의 단계를 보여주는 것이다.

3) 변형과 변장이라는 극적 장치

셰익스피어의 희극 작품에서 변장이라는 극적 장치는 반드시 필요하다. 왜냐면 변장을 통한 반전 없이는 희극의 궁극적인 목표인 통합에 이르지 못하기 때문이다. 이러한 의미에서 호이징거Huizinga가 "변장을 하거나 가면을 쓴 개인은 다른 역할을 담당한다. 즉 그는 다른 존재가 된다"(13)고 설명하듯이 등장인물은 실재 자신이 아닌 변장한 또 다른 자신을 통해서 진정한 자아를 발견한다. 이로써 기존의 질서에서 일탈한 등장인물이 화합의 과정을 거쳐 다시 기존 체제에 소속되거나 또 다른 하나의 새로운 체제를 만들 수 있도록 유도하는 장치가 바로 변장인 것이다.

『한여름 밤의 꿈』: 직접적인 변장은 없지만 변형이라는 극적 장치로 사랑의 미약이 있다. 사랑의 미약은 잠든 사람의 눈꺼풀에 바르면 잠에서 깬 후 처음 본 상대를 열렬히 사랑하게 되는 효능이 있다. 숲 속 요정의 나라에 사는 퍽이 이 사랑의 미약을 잘못 사용하는 실수를 범하여 허미아를 사랑하는 라이샌더가 헬레나에게 사랑을 구걸하는 처지가 된다. 또한 요정 퍽이 땜장이 보톰을 당나귀 머리를 한 사람으로 변형시키고 오베론은 요정의 여왕인 티타니아의 눈꺼풀에 사랑의 미약을 바름으로써 티타니아가 보톰과 사랑에 빠지는 한바탕의 소동이 벌어진다. 그러나 잘못된 상황을 파악한 오베론이 실수를 바로잡음으로써 원상복귀가 이루어져 연인들은 본래의 짝을 찾는다.

『열두 번째 밤』: 이 작품에서 변장은 바이올라의 남장, 필체뿐만 아니라 언어의 표현 면에서 자신의 주인아씨로 변장한 마리아, 마리아의 편지에 속아 올리비아와 결혼을 꿈꾸며 신분상승된 귀족처럼 행동하는 말볼리오의 변장, 토파스 신부로 변장한 페스테가 있다. 이러한 변장은 이 작품의 마지막 결론인 통합이라는 목표로 가기 위해 설정한 하나의 극적 장치로 각각 다음과 같은 역할을 수행한다. 바이올라는 낯선 곳에서 살아가기 위한 수단으로 남성 복장을 하고 오시노 공작의 심부름꾼인 세자리오의 삶을 산다. 마리아는 올리비아의 집사인 말볼리오가 신분상승의 허황된 꿈을 꾸며 자신들을 구박하자 놀려주기 위해서 주인아가씨인 양 거짓 편지를 쓴다. 그리고 말볼리오는 올리비아와의 결혼을 기정사실화해서 신분이 상승된 것처럼 하인들을 다루는 백작으로 변장한다. 마지막으로 페스테는 말볼리오가 감금되어 모든 사람들과 접촉이 단절되었을 때 편지를 쓸 도구를 가져다 줌으로써, 사건의 전말을 밝혀내고 동시에 말볼리오의 수치심을 드러내는 역할을 한다.

4) 놀이: 웃음과 광대

셰익스피어 작품에서 놀이란 단순히 '시간 보내기'가 아니라 웃음을 자아내는 수단이며 희극의 본질인 축제를 구현시키는 극적 장치다. 이 극적 장치의 핵심 요소로는 웃음과 광대가 있다. 희극에서 웃음은 화해의 전단계로 등장인물들의 언어적 유희나 해학적인 행동을 통해서 보여지며 더 나아가 광대의 역할로 부각된다. 광대는 당시의 시대상과 문화를 반영한 인물로 이야기를 매끄럽게 이끌어가고 마무리를 해주는 감초 같은 역할을 한다. 또한 광대는 관객과 배우 사이에서 어리석음을 조롱하고 웃음을 주는 역할을 한다. 그러나 광대의 웃김 뒤에는 인간의 어리석음을 반추하게 하고 등장인물이 사회와 조화를 이룰 수 있게 만드는 부드러운 공격성도 있다. 따라서 셰익스피어의 희극에서 놀이야 말로 지친 사람들의 피로를 풀어주는 치유제라 할 수 있다.

『한여름 밤의 꿈』: 직업적인 광대는 아니지만 보톰이 광대 역할을 한다. 이 작품에서 광대 역할을 하는 보톰은 현실과 환상 사이를 연결해주며 인간의 어리석음이나 우스꽝스러움을 들추어낸다. 셰익스피어는 개인과 개인, 개인과 사회와의 원만한 조화를 보톰을 통해 보여줌으로써 폭넓은 인간상을 제시한다.

보톰 …참으로 이상한 꿈을 꿨어. —너희들은 그 이상한 꿈을 묘사할 수도 없을 거야. 그걸 설명하려고 한다면, 너희들은 당나귀가 될 거야. 내가 그런 것 같아—아니, 아무도 내가 어떤 사람이었는지 설명할 수 없어. 내가 그런 것 같아, 내가 당나귀였던 것 같아—그러나 내가 당나귀였다고 말하면 그 사람은 바보 멍청이가 될 거야. 내 꿈이 어땠는지는 어떤 눈도 들은 적이 없으며, 어떤 귀도 본 적이 없고, 어떤 손도 맛본 적이 없으며, 어떤 혀도 느껴본 적이 없고, 어떤 마음도 묘사할 수가 없을 거야. 나는 피터 퀸스에게 이 꿈을 발라드 가사로 쓰라고 해야겠어. 그 꿈은 너무 깊어서 바닥이 없기 때문에 난 그걸 "보톰의 꿈"이라고 할 거야. (4막 1장)

『열두 번째 밤』: 직업적인 광대로 페스테가 있는데 그의 대표적인 다음 대사는 귀부인을 바보로 취급하는 조롱과 더불어 은근히 신분을 뒤바꾸려는 의도를 보여준다고 볼 수 있다.

광대 소중한 아가씨, 왜 아가씨는 애도하고 계시나요?

올리비아 소중한 광대야, 내 오빠가 돌아가셨기 때문이지.

광대 오빠의 영혼이 지옥에 있나 보군요, 아가씨.

올리비아 오빠의 영혼은 천국에 있어, 이 멍청아.

광대 오빠의 영혼이 천국에 있는데 슬퍼하시니 아가씬 바보란 거죠. 이보게들, 이 바보를 저리 끌어내게. (1막 5장)

5) 결혼: 통합에 이르는 축제

희극의 궁극적인 관심이 개인과 개인, 개인과 사회와의 원만한 조화를 통해 행복한 세계를 구축하는 데 있듯이 당시 결혼도 개인과 개인을 위한 사랑의 성취이자 집안, 그리고 축하하기 위해 참석한 사람들, 즉 "집단의 소원성취 의식"(Carroll 38)에 목표를 두었다. 또한 샐린저Leo Salinger가 셰익스피어의 희극에서 결혼의 중요성을 "희극은 결혼의 축하이며, 결혼은 사회에서의 조화에 초점을 두는 것"(17)이라고 보듯 셰익스피어의 희극 작품에서 결혼은 희극 전통에 뿌리를 두며 가족과 사회와의 조화를 이루는 통합의 원리로 완성된다.

『한여름 밤의 꿈』: 아버지의 뜻, 더 나아가 아테네의 법률마저 어기고 사랑하는 연인들이 숲으로 도망친다. 설상가상으로 숲에서는 사랑의 미약으로 인해 연인이 변심을 하는 등 많은 고난을 겪으나 다시 제자리를 찾고 결국은 결혼이라는 통합에 이르게 된다. 아테네의 공작 테세우스가 여성 중심의 사회인 아마존의 수장, 히폴리타와 결혼을 하는 날, 젊은 두 쌍의 연인, 즉 허미아와 라이샌더, 헬레나와 드미트리우스가 함께 결혼을 한다. 이러한 설정은 개개인의 행복을 넘어 신구세대는 물론 개인과 사회와의 통합을 의미한다. 또한 테세우스가 히폴리타를 무력으로 정복했지만 "결혼식만큼은 방법을 바꾸어 화려하게, 흥겹게 그리고 떠들썩하게 할 테요."(1.1)라고 말하듯이 결혼은 하나의 축제의 장이다.

『열두 번째 밤』: 오시노 공작은 사랑하는 올리비아에게 남장을 한 여성, 바이올라/세자리오를 보내 계속 청혼을 한다. 그러나 올리비아는 변장한 바이올라를 보는 순간 불같은 사랑에 빠져들고 만다.

한편 바이올라의 쌍둥이 오빠 세바스찬은 선장 안토니오의 도움을 받아 난파선에서 목숨을 건져 일리리아에 온다. 올리비아는 세바스찬이 나타나자 그를 바이올라로 착각하고 성급하게 결혼식을 올린다. 이로 인해 바이올라와 세바스찬의 정체성이 밝혀지고 오시노 공작과 바이올라가 결혼을 하게 된다. 또한 말볼리오를 골탕 먹이기로 작정한 토비 벨치 경과 올리비아의 하녀 마리아가 결혼을 하는 설정은 엄격한 신분사회에 계급을 무너뜨리는 행위로 희극의 본질인 축제적인 측면에서 카니발 이론으로 읽어낼 수 있다.

옮긴이의 말

셰익스피어는 '이 순간도 축제 중'이라 말할 수 있을 만큼, 전 세계에서 셰익스피어에 관한 많은 논문들이 쏟아져 나오고 있다. 왜 사람들은 셰익스피어에 열광하는 것일까? 셰익스피어와 그의 작품에 관해 들어보지 않은 사람은 거의 없을 것이다. 그런데 많은 사람들이 그의 작품을 어렵다고 생각한다. 나 역시 셰익스피어 작품의 원본을 제대로 읽어보지 못한 영문학도였음을 고백한다. 이렇게 어려운 셰익스피어의 작품들이 왜 시공을 초월하여 끊임없이 상연되며, 다양한 장르로 재탄생되는 것일까? 왜 인종을 뛰어넘어 모든 사람들이 즐기는 것일까? 그것은 셰익스피어의 인간에 관한 깊은 성찰 때문일 것이다. 그는 인간을 사랑했고, 인간에 집착하며, 인간이 살아가는 모습을 그려냈다. 비극과 희극을 막론하고 그의 작품에는 인간이 느낄 수 있는 기쁨, 슬픔, 사랑, 좌절, 증오, 두려움, 배신, 기만적 행위, 사악함, 오만, 근심 등과 같은 대부분의 감정들이 녹아들어 있다. 특히 그의 희극 작품들은 이와 같은 감정들을 조화롭게 버무려 신분의 차이를 완화시킴과 동시에 다 같이 즐길 수 있는 축제의 한마당으로 인생을 보여준다.

"인간들은 어찌 그리 바보들인가."는 『한여름 밤의 꿈』에 나오는 퍽의 대사이며, "어떤 사람은 높은 신분으로 태어나고, 어떤 사람은 높은 신분을 성취할 수도 있고, 그리고 어떤 사람들은 높은 신분을 타인으로부터 얻을 수도 있는 법입니다."는 『열두 번째 밤』에 나오는 말볼리오의 대사다. 바보가 현자가 될 수도 있고 현자가 바보가 될 수도 있는 곳, 등장인물들의 많은 명대사들을 통해서 상처받은 영혼을 치유할 수 있는 곳이 바로 셰익스피어의 희극 작품이라는 공간이다. '언어의 마술사'라는 칭호답게 셰익스피어만의 언어로 만든 성찬을 이 세계에서 맛보기를 기대한다. 기존 번역서와는 달리 현대 텍스트의 번역이기에 셰익스피어의 맛을 쉽게 느낄 수 있으리라 생각한다.

이 책의 번역을 기획한 〈달섬 세계고전〉 편집위원 선생님들과 편집부 직원들에게 감사드린다. 아울러 유난히도 무더운 여름, 편안하게 번역할 수 있도록 자료 조사를 도와준 강인영에게도 감사의 말을 전한다.

인문대 211호에서

2018년 8월 무더운 여름 날

윌리엄 셰익스피어 연보

셰익스피어 작품의 정확한 집필 시기는 거의 추정 연대이다. 또한 학자들의 의견도 다르다. 따라서 작품의 연도가 약간의 차이가 있을 수 있음을 밝힌다.

1564년: 잉글랜드 스트랫퍼드 어폰 에이번에서 존 셰익스피어John Shakespeare와 메리 아든Mary Arden의 8남매 중 셋째이자 첫 번째 아들로 출생. 4월 26일 세례. 출생 후 2, 3일 후에 세례를 받는 관습과 더불어 4월 23일이 잉글랜드의 수호성인 성 조지(St. Georgius)의 날이기도 해서 이 날을 셰익스피어의 생일로 축하하고 있음. 존 셰익스피어는 스트랫퍼드 어폰 에이번의 재정위원회 위원으로서 당시 흑사병 희생자들을 위한 구원금을 내기도 함.

1565년: 존 셰익스피어가 스트랫퍼드 어폰 에이번의 부시장으로 임명됨.

1566년: 존 셰익스피어의 넷째이자 차남인 길버트Gilbert가 10월 13일 세례(1612년 2월 3일 장례).

1568년: 9월 4일, 존 셰익스피어가 스트랫퍼드 어폰 에이번의 최고 토지 관리인(High Bailiff)이 됨. 퀸스 극단(Queen's Players)과 우스터 극단(Worcester's Men)이 스트랫퍼드 어폰 에이번을 방문 공연함.

1569년: 존 셰익스피어의 다섯째이자 셋째 딸 조운Joan이 4월 15일 세례(1646년 4월 15일 장례). 삼녀가 장녀의 이름자를 그대로 세례명으로 받은 것은 장녀가 그 이전에 사망했음을 의미함. (장녀 조운은 1558년 9월 15일 세례를 받았으나 사망, 그러나 사망 연대는 알려져 있지 않음)

1571년: 존 셰익스피어의 여섯째이자 넷째 딸 앤Anne이 9월 28일 세례. 존 셰익스피어는 스트랫퍼드 어폰 에이번의 시장(Chief alderman)이 됨. 셰익스피어는 스트랫퍼드 어폰 에이번의 문법학교에 입학.

1572년: 레스터 극단(Leicester's Men)이 스트랫퍼드 어폰 에이번을 방문 공연함.

1574년: 존 셰익스피어의 일곱째이자 셋째 아들인 리처드Richard가 3월 11일 세례(1613년 2월 4일 장례). 워릭 극단(Warwick's Men)과 우스터 극단이 스트랫퍼드 어폰 에이번을 방문 공연함.

1575년: 엘리자베스 여왕이 스트랫퍼드 어폰 에이번 근처의 케닐워스Kenilworth성 방문. 셰익스피어가 여왕의 행차 행렬을 구경했을 것으로 추정. 존 셰익스피어는 헨리 가에 부동산 구입.

1576년: 존 셰익스피어는 문장원에 가문家紋을 신청했으나 발급되지 않음. 레스터 극단이 스트랫퍼드 어폰 에이번을 방문 공연함.

1577년: 존 셰익스피어의 가세가 기울기 시작. 채무자로 여러 번 소환된 기록이 있음.

1578년: 스트레인지 경 극단(Lord Strange's Men)과 에섹스 극단(Essex's Men)이 스트랫퍼드 어폰 에이번을 방문 공연함. 존 셰익스피어는 부인이 유산으로 받은 윌름코트Wilmcote의 부동산을 담보로 40파운드를 차용함.

1579년: 존 셰익스피어의 넷째 딸 앤Anne사망(4월4일 장례). 더비 극단(Derby's Men)이 스트랫퍼드 어폰 에이번을 방문 공연함.

1580년: 존 셰익스피어의 여덟째이자 넷째 아들 에드먼드Edmund가 5월 3일 세례(1607년 12월 31일 장례). 버클리 경 극단(Lord Berkeley's Men)이 스트랫퍼드 어폰 에이번을 방문 공연함.

1581년: 우스터 극단이 스트랫퍼드 어폰 에이번을 방문 공연함.

1582년: 셰익스피어가 여덟 살 연상의 앤 해서웨이와 결혼(결혼 허가서 11월 27일 발부). 버클리 경 극단이 스트랫퍼드 어폰 에이번을 방문 공연함.

1583년: 셰익스피어의 첫째 딸인 수잔나Susanna가 5월 26일 세례. 에섹스 극단이 스트랫퍼드 어폰 에이번을 방문 공연함.

1585년: 셰익스피어의 쌍둥이 남매 햄넷Hamnet과 주디스Judith가 2월 2일 세례. (햄넷은 1596년 8월 11일 장례. 주디스는 1662년 2월 9일 장례)

1586년: 퀸스 극단과 스태퍼드 경 극단(Lord Stafford's Men)이 스트랫퍼드 어폰 에이번을 방문 공연함. 셰익스피어는 고향을 떠

남. 1592년까지 그의 행방이 묘연하여 학계에서는 이 시기를 '행방불명의 시기(lost years)'로 칭함.

*이 시기의 셰익스피어에 관해 구전되는 3가지의 이야기: ①시골학교에서 교편을 잡았다. ②고향 인근 찰코트Charlecote에 소재한 토머스 루시 경(Sir Thomas Lucy)의 공원에서 사슴을 훔친 벌을 피하고자 런던으로 도피했다. ③런던 극장가에서 하인을 대동하지 않고 연극을 보러 오는 사람들의 말을 돌보는 일을 했으며, 이 일에 아주 성공적이어서 '셰익스피어 보이들'로 불린 일꾼들을 두기까지 했다.

1587년: 존 셰익스피어는 몇 년째 회의 불참으로 인해 읍 법인의 위원자리를 박탈당함. 에섹스 극단과 레스터 극단이 스트랫퍼드 어폰 에이번을 방문 공연함. 필립 헨슬로Philip Henslowe가 런던의 사우스워크Southwark지역 템스 강변에 로즈 극장(Rose Theatre)을 건립함.

1589년: 『헨리 6세 1부』 저작. 1592년 3월 3일에 첫 공연. 1594-95년에 개작. 1623년 첫 전집에서 활자화됨. 공연물 감독관(Master of the Revels)제가 시행됨에 따라 당국이 극작물과 공연 허가를 관장하기 시작.

1590-91년: 『헨리 6세 2부』와 『헨리 6세 3부』 저작. 『헨리 6세 2부』는 공연 기록이 없으나, 『헨리 6세 3부』의 공연 기록은 1592년 9월 이전으로 추측.

1592년: 스트레인지 경 극단이 3월 3일 『헨리 6세』를 런던의 로즈 극장에서 공연. 이 극단은 4월 11일과 그 후 여러 차례 『타이터스 앤드로니커스』를 공연. 셰익스피어가 로버트 그린Robert Greene의 『그린의 서푼어치 지혜』에서 공격당함으로써 그의 극작가로서의 활동이 처음 언급됨. 그린은 셰익스피어의 『헨리 6세 3부』에 나오는 한 행을 인용하면서 무식한 배우에 불과한 자가 자기를 포함한 대학 출신 극작가들의 작품에 힘입어 극작에까지 손을 대면서 '벼락부자'가 되었다고 비난함. 이 책을 출판한 헨리 체스터Henry Chester는 같은 해 『친절한 마음의 꿈』에서 셰익스피어에 대한 그런 부당한 내용이 포함된 그린의 책을 편집, 출판한 것에 대해 사과하면서 셰익스피어야말로 행실이 좋고 연기나 극작에 훌륭한 솜씨를 보이며 사람들과의 관계에서도 올바르게 처신한다고 적음.

1592년: 4월 이전에 비극 『타이터스 앤드로니커스』 저작. 최초의 공연은 1592년 4월 11일. 1594년 2월 6일, 판권 등록된 후 출판됨. 1592-93년경에 『리처드 3세』 저작. 최초 공연은 1593년 12월 30일. 출판은 1597년 10월 20일에 판권 등록 후 이어짐. 역시 이 시기에 시집 『비너스와 아도니스』가 저작되고, 1593년 4월 18일에 판권 등록을 한 후 출판. 1592-94년에 『실수연발』 저작. 첫 공연은 1594년 12월 28일. 펨브로크 백작 극단(The Earl of Pembroke's Men)이 창단되어 1600년까지 공연 활동. 필립 헨슬로가 무대에 관한 많은 정보를 수록하는 일기를 쓰기 시작함. 런던의 극장들이 흑사병으로 폐쇄되어 극단들은 6월부터 1594년 6월까지 지방 순회공연을 함. 이때 셰익스피어는 런던에서 기성배우로 활약.

1593년: 『비너스와 아도니스』를 출간해 사우샘튼Southampton백작인 헨리 라이오스슬리Henry Wriothesley에게 헌정함. 이때부터 1599년까지 소네트를 써서 1609년에는 『소네트 시집』을 출간, 사우샘튼 백작에게 헌정. 제2의 시집인 『루크리스의 겁탈』 저작. 1594년 5월 9일에 판권 등록을 한 후 출판되는데, 이것 역시 사우샘튼 백작에게 헌정됨. 1593년-94년에 『말괄량이 길들이기』 저작. 1594년 6월 13일. 5월 30일 공연. 당시 유명한 극작가인 크리스토퍼 말로Christopher Marlowe 사망.

1594년: 『베로나의 두 신사』 저작. 초기의 공연기록은 없음. 1594-95년에 『사랑의 헛수고』 저작. 흑사병이 돌 때 사우샘튼 백작의 저택에서 첫 공연된 이 작품은 1597년에 개정되어 1598년에 출판. 셰익스피어가 차후 소속된 체임벌린 경 극단(Lord Chamberlain's)이 등장.

1595년: 스완 극장(Swan Theatre)이 런던의 템스 강변 남쪽에 건립됨. 당시 셰익스피어는 런던 비숍게이트 지역의 성 헬렌 교구에 살았고, 1594년 12월 26일과 28일에 궁정에서 열렸던 두 개의 희극 공연료가 3월 15일 극단에 지급된 일과 관련하여 셰익스피어의 이름이 배우 명단에 올랐음. 그는 사우샘튼 백작의 재정적 지원으로 체임벌린 경 극단의 주주가 됨.

『리처드 2세』 저작. 12월 9일에 최초 공연. 1601년 2월 7일의 공연은 에섹스 백작의 반란과 연계되어 극단이 당국의 심문을 받음. 출판은 1597년 8월 29일 판권 등록 후 이루어짐. 1595-96년에 『로미오와 줄리엣』 저작. 초기 공연 기록은 없음.

1595-96년에 『한여름 밤의 꿈』 저작. 1600년 10월 8일 판권 등록된 후 출판. 1600년 이전에 여러 차례 공연되었다는 기록이 있음.

1596년: 10월 20일 존 셰익스피어는 마침내 가문의 허가를 받았고 이때부터 귀족 칭호를 이름에 붙일 수 있는 권리를 갖게 됨. 1596-97년에 『베니스의 상인』 저작. 1598년 7월 22일 판권 등록된 후 1600년에 출판됨. 1600년 이전에 여러 차례 공연되었다는 기록이 있음. 1596-97년에 『헨리 4세 1부』 저작. 1598년 2월 25일 판권 등록된 후 출판. 공연은 1600년 3월 6일.

1597년: 5월 4일, 스트랫퍼드 어폰 에이번에 호화저택인 뉴 플레이스를 두 개의 헛간, 두 채의 초가와 더불어 60파운드에 구입. 이로 인해 벌금을 징수 당함. 성 헬렌 교구 소재의 부동산세 미납. 1600년에 완납. 제2블랙프라이어즈 극장(Second Blackfriars Theatre)이 제임스 버비지James Burbage에 의해 건립됨. 체임벌린 경 극단은 런던에서의 공연 금지령에 따라 10월까지 지방 순회공연을 가짐. 연말부터 버비지가 씨어터 극장을 헐고 글로브 극장(Globe Theatre)을 건축하는데 이것이 완공된 1599년까지 극단은 커튼 극장(Curtain Theatre)에서 공연함. 글로브 극장 건립에는 제임스 버비지의 아들 형제 커스버트와 리처드(Cuthbert and Richard Burbage)가 주도적 역할을 했음. 동생 리처드는 셰익스피어 극단인 체임벌린 경 극단의 주요 배우로서 비극의 주인공 역을 주로 담당. 『윈저의 즐거운 아낙네들』 저작. 저질 본문이 1602년 1월 18일 판권 등록된 후 출판됨. 양질의 본문은 1623년 활자화됨. 이 극은 1602년 이전에 이미 여러 차례 공연. 또한 이 극은 『헨리 4세』의 1, 2부에 등장하는 희극적 인물인 폴스타프Falstaff에 반한 엘리자베스 여왕이 셰익스피어에게 이 인물이 등장하는 극을 또 써달라고 하여 2주 만에 완성했다는 이야기가 전해짐.

1598년: 1월 1일과 6일, 셰익스피어 소속 극단이 궁정인 화이트홀Whitehall에서 공연함. 셰익스피어가 스트랫퍼드 어폰 에이번에서 식량 부족 시기에 맥아 10쿼트를 소유한 기록이 있음. 셰익스피어는 벤 존슨Ben Jonson의 『각인각색』에 배우로 출연. 프랜시스 미어즈Francis Meres는 그의 책 『지혜의 보고』에서 셰익스피어의 극작품을 12편이나 언급함. 여기에는 현재까지 발견되지 않은 『사랑의 결실』도 포함되어 있음. 『헨리 4세 2부』 저작. 1600년 8월 23일 판권 등록된 후 출판. 출판 이전에 여러 차례 공연. 1598-99년에 『헛소동』 저작. 출판은 1600년 8월 23일 판권 등록된 후 이루어짐. 출판 이전에 여러 차례 공연.

1599년: 1월 1일과 2월 20일 셰익스피어가 소속된 극단이 궁정에서 공연함. 존 셰익스피어가 부인 메리 아든 가문의 문장을 그의 문장에 합할 수 있도록 문장원에 신청함. 글로브 극장이 건립되어 셰익스피어 극단인 체임벌린 경 극단의 전용 극장이 됨. 『헨리 5세』 저작. 저질 본문이 1600년 8월 4일에 판권 등록된 후 출판. 출판 이전에 여러 차례 공연. 『줄리어스 시저』와 『뜻대로 하세요』 저작. 최초의 공연 기록은 각각 1603년 12월 2일과 1599년 9월 21일.

1600년: 에드워드 엘린Edward Alleyn과 필립 헨슬로가 글로브 극장과 경쟁하기 위해서 포춘 극장(Fortune Theatre)을 건립. 이는 주로 제독 극단(Admiral's Men)이 사용했으나 1603년 이후에는 여러 극단에 개방됨. 1600-01년에 『햄릿』 저작. 1602년 7월 26일 판권 등록된 후 저질 본문이 1603년에, 양질 본문이

1604-05년에 각각 출판됨. 공연은 1602년 7월. 1603년 이후 수차례의 공연 기록이 있음.

1601년: 존 셰익스피어 사망(9월 8일 장례). 그의 간증이 헨리 가의 자택에서 1757년에 발견되었는데 사망 당시 가톨릭 신자였음이 드러남. 2월 7일 글로브 극장에서는 에섹스 백작 일당의 반란(2월 8일)을 시민들에게 사주하기 위해서 『리처드 2세』를 공연했다가 극단원인 오거스틴 필립스Augustine Phillips가 당국의 심문을 받음. 그러나 아무도 기소되지 않음. 1601-02년에 『열두 번째 밤』 저작. 1602년 1월 5일에 공연. 『트로일러스와 크레시다』 저작. 1603년 2월 7일 판권 등록된 후 1609년에 출판됨. 1603년 2월 7일 이전에 공연되었다는 기록이 있음.

1602년: 존 콤John Combe이 셰익스피어에게 구 스트랫퍼드에 있는 127에이커의 대지를 320파운드에 5월 1일자로 양도. 9월 28일 스트랫퍼드 채플 레인Chapel Lane 소재의 가옥 한 채에 대한 등기 수속이 있음. 1602-03년에 『끝이 좋으면 다 좋아』 저작. 1623년 공연.

1603년: 셰익스피어는 존슨의 비극 『세자너스』 공연에 배우로 참여. 5월 19일, 셰익스피어 극단은 제임스 1세가 엘리자베스 1세 여왕의 뒤를 이으면서 체임벌린 경 극단에서 국왕 극단(King's Men)으로 개명됨. 가을에 『뜻대로 하세요』가 제임스 왕을 위해 윌트셔Wiltshire 소재의 펨브로크 백작 부인의 윌턴 저택(Wilton House)에서 공연됨. 런던의 극장들은 1603년 후반부터 1604년 4월까지 폐쇄됨.

1604년: 셰익스피어는 스트랫퍼드의 약제사 필립 로저스Philip Rogers를 빚(3실링 10펜스) 때문에 고소함. 그는 3월 15일 국왕 극단 일원의 자격으로 제임스 왕이 런던시내를 행차할 때 그 행렬 참여에 필요한 붉은색 천 4야드를 하사받음. 『자에는 자로』 저작. 공연은 1604년 12월 26일. 『오셀로』 저작. 1621년 10월 26일에 판권 등록되고 1622년에 단행본으로 출판됨. 1월 1일, 궁정에서 『한여름 밤의 꿈』이 공연됨. 만성제 날인 11월 1일에는 『오셀로』가, 11월 4일에는 『윈저의 즐거운 아낙네들』이, 2월 26일에는 『자에는 자로』가, 그리고 12월 28일에는 『실수연발』이 화이트홀에서 공연됨. 『사랑의 헛수고』가 사우샘튼 백작의 런던 저택에서 공연됨.

1605년: 7월 24일, 셰익스피어는 스트랫퍼드, 웰컴, 비숍튼에서 소작의 10분의 1을 받는 대지를 타인들과 공동으로 구입함. 『리어왕』 저작. 1607년 11월 26에 판권 등록되고, 출판은 1608년에 이루어짐. 1606년 12월 26일, 화이트홀에서 공연. 1월 1일과 6일 사이에 『사랑의 헛수고』가 화이트홀에서 상연됨. 1월 7일에는 『헨리 5세』, 2월 10일과 12일에는 『베니스의 상인』이 각각 공연됨. 레드 불 극장(Red Bull Theatre)

이 건립됨. 1617년까지 앤 여왕 극단(Queen Anne's Men)이 레드 불 극장을 사용함.

1606년: 『멕베스』 저작. 1611년 4월 20일, 글로브 극장에서 공연. 그 이전에도 수차례 공연되었을 것으로 추정. 1606-07년에 『안토니오와 클레오파트라』 저작. 17세기에 공연이 있었다는 기록은 없음.

1607년: 셰익스피어의 장녀 수잔나가 존 홀John Hall과 결혼하지만 1635년에 과부가 됨. 1607-08년에 『코리올레이너스』와 『아테네의 타이먼』 저작. 공연 기록은 없음. 『페리클레스』 역시 1607-08년에 저작. 출판은 1608년 5월 20일에 판권 등록한 후 1609년에 이루어짐. 공연은 1607년 1월 5일에서 1608년 11월 23일 사이의 어느 때 관람했다는 베니스 대사의 기록이 있고, 1609년 크리스마스 경에 요크셔 극단이 공연함.

1608년: 셰익스피어의 외손녀 엘리자베스 홀Elizabeth Hall이 2월 21일 세례. 셰익스피어의 최종 후손으로서 1626년 4월 22일 스트랫퍼드의 토머스 내쉬Thomas Nash와 결혼. 그러나 토머스 내쉬는 1647년에 사망. 엘리자베스 홀은 1649년 6월 5일 존 버나드와 재혼하나 그 역시 1670년 2월 중순 사망. 셰익스피어의 어머니 메리 사망. 셰익스피어는 스트랫퍼드에서 빚을 진 존 애든브룩John Addenbrooke과 12월 17일부터 1609년 6월 7일까지 송사를 진행함. 셰익스피어는 국왕 극단이 제임스 버비지의 아들 리처드 버비지에게서 임대한 제2블랙프라이어즈 극장의 7분의 1 주주가 됨. 프랑스와 베니스 사신들이 런던에서 『페리클레스』 공연을 관람.

1609년: 국왕 극단은 가을 시즌부터 1642년 크롬웰 정권에 의해서 극장들이 폐쇄될 때까지 블랙프라이어즈 극장을 계속 사용함. 5월 20일, 셰익스피어의 『소네트 시집』 판권 등록. 출판은 허가 없이 그 직후에 이루어진 것으로 보임. 크리스마스 시즌에 국왕 극단은 화이트홀에서 왕족을 위해 13편의 극을 공연함. 1609-10년에 『심벨린』 저작. 1611년 공연을 관람했다는 사이먼 포먼Simon Foman의 기록이 있음.

1610년: 셰익스피어가 부친으로부터 상속받은 듯한 스트랫퍼드 헨리가 소재의 창고를 임대한 기록이 있음. 런던에서 스트랫퍼드로 귀향하여 살기 시작한 듯함. 1610-11년에 『겨울 이야기』 저작. 1611년 5월 15일, 포먼이 글로브 극장에서 공연을 관람했다는 최초의 기록이 있음. 또 11월 5일에는 국왕 극단이 공연함. 4월 30일에 『오셀로』가 글로브 극장에서 공연됨. 성촉절(Candlemas)에 요크셔의 고스웨이트Gothwaite에서 『페리클레스』와 『리어왕』이 공연됨. 1610-11년에 『템페스트』 저작. 1611년 11월 1일 밤에 국왕 극단이 화이트홀에서 공연함.

1611년: 셰익스피어는 공동 구입한 소작의 10분의 1을 받는 스트랫퍼드 땅에 관한 고등법원의 판결에 민감했다는 기록이 있음. 『템페스트』가 11월 1일 저녁에 화이트홀에서 공연됨. 『겨울 이야기』가 11월 5일 궁정에서 공연됨. 『멕베스』가 4월 20일 글로브 극장에서 공연됨.

1612년: 5월 11일에 셰익스피어는 런던 법정에 근무한 크리스토퍼 마운트조이Christopher Mountjoy의 사위 스티븐 벨롯Stephen Belott이 장인에게 건 송사의 증인이 됨. 문제의 증언 기록에 의하면 워릭 지방 스트랫퍼드 어폰 에이번에 거주하는 48세의 신사 양반 윌리엄 셰익스피어의 증언은 자신이 1604년에 마운트조이의 딸 메리를 벨롯과 결혼하도록 중매를 선 것은 시인하면서도 메리의 결혼 지참금(50파운드, 그리고 신부의 부친이 사망할 경우 200파운드를 더 준다는 사실을 유서에 넣는다는 조건)에 대한 합의 사항은 정확히 기억할 수 없다는 내용이었음. 요컨대, 이 증언으로 1602년과 1604년 사이의 어느 시기에 셰익스피어가 마운트조이 가족과 함께 런던에 거주했으나 1612년에는 스트랫퍼드에 살고 있었을 것으로 추측.

1613년: 1월 28일 존 콤이 유언으로 셰익스피어에게 5파운드를 남김. 3월 10일에 블랙프라이어즈 극장의 문지기 거처를 매입. 3월 24일에 있었던 제임스 왕의 즉위식 기념 마상 시합을 위해 러트런트 경Lord Rutland에게 글귀를 넣은 마크를 만들어 준 대가로 3월 31일에 리처드 버비지와 각각 44실링을 받음. 글로브 극장이 6월 29일 『헨리 8세』를 공연하던 중 화재(임금이 등장할 때 예포를 쏘는 장면에서 불꽃이 지붕에 떨어진 결과)로 전소됨. 『두 고귀한 친척』이 플렛처와 공동으로 저작되어 1634년에 출판됨. 1619년경 궁정에서 공연된 것으로 보임.

1614년: 웰컴에 있는 대지의 임대료와 10분의 1 소작료를 위해 일부 부동산을 빼앗기지 않도록 제기한 소송에 몰두. 필립 헨슬로와 제컵 미드Jacob Meade가 호프 극장(Hope Theatre)을 템스강 남단 강둑에 건립함. 글로브 극장이 재건됨. 글로브는 1644년 헐려 완전히 소멸되었다가 1997년에 동일한 장소에 복원됨.

1616년: 차녀인 주디스가 2월 10일에 결혼. 부친의 성을 세례명으로 받은 그녀의 아들 세례식이 11월 25일에 있었음. 주디스는 1618년과 1620년에 리처드와 토머스라는 아들을 더 두었으나 이들은 모두 미혼 상태에서 1639년에 사망함. 각 장마다 서명 날인된총 3장의 셰익스피어의 유서를 1월 25일경 콜린스France Collins가 작성하고 3월 25일에 셰익스피어가 수정. 셰익스피어는 4월 23일 사망(4월 25일 장례로 추정). 4월 25일 스트랫퍼드 어폰 에이번에 있는 홀리 트리니티 교회에 묻힘. 성 조지의 날이기도 한 이날을 그의 생일날과 마찬가지의 이유로 사망일로 간주하여 기념하고 있음. 누이 조운과 결혼한 매제 윌리엄 하트William Hart사망(4월 17일 장례). 이 결혼은 스트랫퍼드 기록부에는 존재하지 않으나 이들 사이에 태어난 아들 윌리엄이 1600년 8월 28일에 세례받은 기록이 있음. 조운은 3남 1녀를 두었으나 셋째 토머스(1605년 출생. 1670년 사망)만이 결혼하여 두 손자를 보았음. 현재 둘째 손자 조지Georg(1636-1702)의 후손들만이 직계가 끊긴 셰익스피어의 가문에서 존속하고 있음.

윌리엄 셰익스피어(1564-1616)
셰익스피어는 런던에서 북서쪽으로 약 150킬로미터 떨어진 스트랫퍼드 어폰 에이번 강가의 작은 마을에서 태어났다. 이곳은 현재 세계적인 관광명소가 되어 "셰익스피어를 인도와도 바꾸지 않겠다."는 토마스 칼라일의 선견지명을 증명하고 있다. 그는 짧은 생애 동안 38편의 희곡과 여러 권의 시집 및 소네트 집에서 불완전한 인간의 마음과 삶을 끊임없이 파헤쳤다. 4대비극인 『햄릿』, 『리어왕』, 『맥베스』, 『오셀로』와 더불어 『로미오와 줄리엣』, 그리고 희극작품인 『베니스의 상인』, 『한여름 밤의 꿈』, 『열두 번째 밤』 등은 세계에서 가장 많이 공연되는 작품으로서 시간과 공간을 초월한 최고의 고전으로 꼽힌다. 『한여름 밤의 꿈』은 다양한 공연물로 대중과 함께하는 여름문화의 아이콘이며, 『열두 번째 밤』은 삶에서 풍자가 주는 의미를 곱씹게 만들고 녹록치 못한 인생살이에 한 바탕 웃음을 선사하는 작품이다. 두 작품은 사랑이라는 주요 테마를 골격으로 축제, 변장술, 광대의 놀이, 일탈행위, 몰래 엿듣기, 속임수 등의 극적 장치를 사용하여 재미를 증폭시킨다. 이 두 작품은 세상과 맞설 수 있는 지혜와 위트를 배울 수 있는 장소이자 힐링의 공간이 될 것이다.

옮긴이 박부순
전북대학교 영어영문학과를 졸업하고 숙명여자대학교에서 문학석사학위를, 전북대학교 영어영문학과에서 문학박사학위를 취득했다. 현재 전북대학교 강의전담교수로 「괴물 만들기: 브레히트의 서사극 이론으로 읽어 본 『퍼킹 에이』」와 「버지니아 울프의 「유산」: 나르시시즘으로 읽기」 등의 논문이 있다. 저서로는 『오거스트 윌슨의 화해와 통합을 위한 무대』(2008), 공저로는 『동서양 인문고전선독』(2018)이 있다.

달섬 세계고전 2

한여름 밤의 꿈·열두 번째 밤

지은이 윌리엄 셰익스피어
옮긴이 박부순
펴낸이 이남호
펴낸곳 달섬

초판 1쇄 인쇄 2018. 10. 5
초판 1쇄 발행 2018. 10. 12

달섬 전라북도 전주시 완산구 어진길 32 (풍남동2가)
전화 (063) 219-5322
FAX (063) 219-5323
출판등록 2012년 8월 20일 제465-2012-000021호

값 9,500원

ISBN 979-11-6372-003-4 04840
ISBN 979-11-6372-001-0(세트) 04080

이 도서의 국립중앙도서관 출판예정도서목록(CIP)은 서지정보유통지원시스템 홈페이지(http://seoji.nl.go.kr)와 국가자료공동목록시스템(http://www.nl.go.kr/kolisnet)에서 이용하실 수 있습니다. (CIP제어번호 : 2018029183)

'달섬'은 전북대학교출판문화원의 임프린트입니다.